Der Wunschtraum vom eigenen Kind
Ein Tatsachenbericht
von Ingrid und Klaus-Dieter Brunotte

Ein Buch aus dem WAGNER VERLAG
Umschlaggestaltung von Ingrid und Klaus-Dieter Brunotte

1. Auflage
ISBN 3-935232-63-2

Bibliografische Information Der Deutschen Bibliothek
Die Deutsche Bibliothek verzeichnet diese Publikation in der Deutschen Nationalbibliografie; detaillierte bibliografische Daten sind im Internet über http://dnb.ddb.de abrufbar.

Die Rechte für die deutsche Ausgabe liegen beim Wagner Verlag, Zum Wartturm 1, 63571 Gelnhausen.
© 2005, by Wagner Verlag, Gelnhausen

Das Werk ist einschließlich aller seiner Teile urheberrechtlich geschützt. Jede Verwertung ist ohne Zustimmung des Verlages unzulässig und strafbar. Alle Rechte, auch die des auszugsweisen Nachdrucks und der Übersetzung, sind vorbehalten! Ohne ausdrückliche schriftliche Erlaubnis des Verlages darf das Werk, auch nicht Teile daraus, weder reproduziert, übertragen noch kopiert werden, wie zum Beispiel manuell oder mit Hilfe elektronischer und mechanischer Systeme inklusive Fotokopieren, Bandaufzeichnung und Datenspeicherung.
Die Vervielfältigung dieser Unterlage und Verwertung ist nicht gestattet, soweit nicht ausdrücklich vom Wagner Verlag zugestanden. Zuwiderhandlung verpflichtet zu Schadenersatz.

Ingrid und Klaus-Dieter Brunotte

für
Ann-Kathrin

Sie 1

Am großen Fluss wohnt Abraham mit seiner Frau Sara. Hier haben sie ihr Haus. In der Nähe wohnen ihre Verwandten. Abraham und Sara sind schon alt. Sie haben keine Kinder. Gott sagt zu Abraham: „Geh fort von hier! Lass alles zurück, dein Haus und deine Verwandten! Ich bringe dich in ein anderes Land. Ich will dich segnen. Ich mache dich zum Vater von einem großen Volk." Abraham tut das, was Gott ihm sagt. Er macht sich auf den langen und beschwerlichen Weg.
Seine Frau Sara und sein Neffe Lot gehen mit, auch seine Hirten und seine Tiere.
Die Reise dauert lange. Sie kommen durch viele Städte und Länder. Jetzt sind sie im Land Kanaan.
Gott sagt zu Abraham: „Dies ist das Land! Ich gebe es dir und deinen Kindern." Abraham baut einen Altar für Gott. Er opfert Gott ein Tier und dankt ihm. Abraham und Sara sind schon sehr alt.
Abraham sagt zu Gott: „Wir warten schon so lange! Bald sind wir tot. Wann bekommen wir ein Kind?" In einer Nacht sagt Gott zu Abraham: „Sieh die vielen Sterne! Du kannst sie nicht zählen. So zahlreich werden deine Kinder sein." Abraham vertraut Gott. Er glaubt das, was Gott ihm sagt.
Einmal sitzt Abraham vor seinem Zelt. Drei Männer kommen. Abraham sagt: „Kommt herein!"
Sara gibt den Männern zu essen. Einer von den Männern sagt zu Abraham: „Ich habe dir viele Kinder versprochen. Im nächsten Jahr komme ich wieder. Dann wird Sara einen Sohn haben." Wer hat mich da besucht? Sara hört, was der Mann sagt. Sie glaubt es nicht. Sie lacht. Sara denkt: „Wir werden keinen Sohn haben. Wir sind zu alt." Der Mann sagt: „Warum lacht Sara? Für Gott ist nichts unmöglich." Nach einem Jahr haben sie einen Sohn. Sie nennen ihn

Isaak.. „Isaak" erinnert in Ihrer Sprache an „Lachen". Sara hat gelacht. Und dieses Mal kann sie vor Freude lachen.
Abraham und Sara freuen sich. Sie haben einen Sohn. Abraham ist, als er Vater wird, fast 100 Jahre alt.
Gott tut das, was er sagt.

Als mir ein kleines Mädchen diese Geschichte vorlas, dachte ich an mein eigenes Schicksal, und ich nahm mir vor, darüber zu schreiben.
Auch ich war in einem Alter, in dem man glaubt, die Zeit der Mutterfreuden ist vorbei. Und doch träumte ich, ähnlich wie Sara, immer noch vom Kindersegen.
Wir waren vier Geschwister zu Hause und ich liebte diese große Zahl an Familienmitgliedern. Da war ständig etwas los, im guten wie im schlechten Sinn. Dieses Kommen und Gehen, diese Geschäftigkeit in der Wohnung, daran hatte ich mich derart gewöhnt, dass ich es später, als es stiller zuging, weil ich daheim ausgezogen war, zu vermissen begann. Ich war die Älteste und musste oft auf die Geschwister aufpassen. Das war natürlich nicht immer nach meinem Geschmack, aber dennoch musste es prägend auf mich gewirkt haben, denn für mich war es, solange ich zurückdenken kann, immer selbstverständlich, dass ich einmal eigene Kinder haben würde, wenn auch der Gedanke ans eigene Kind zunächst noch eine ferne Zukunftsvision war. Bis in die Pubertät bereitete ich mich – wenn auch recht unbewusst – auf diese Zukunft vor, indem ich mit Babypuppen spielte. Das waren meine ersten „eigenen" Kinder, die ich lieb hatte, wickelte, kleidete, spazieren fuhr und in den Schlaf sang.
Als ich 1971 heiratete, glaubte ich meiner Vision vom Mutterglück ein ganzes Stück näher gekommen zu sein. Besonders gespannt war ich bei meinem Baby auf das, was mir die Puppen früher nicht geben konnten: die Ent-

wicklung einer Persönlichkeit beobachten und mitformen können, immer wieder neue Charaktereigenschaften entdecken und das Aussehen studieren. Wo kann ich mich wiederfinden? Wo meinen Mann? Und wo ist dieser junge Mensch zwar ein Teil von uns, aber doch ganz anders als wir? Ich freute mich sehr darauf, eines nicht mehr so fernen Tages Antworten auf meine Fragen zu bekommen.
Unsere Hochzeit war eine Doppelhochzeit, denn gleichzeitig heiratete auch meine Schwester. Sie war schwanger. Die Aussicht, bald Tante zu werden, machte mich glücklich. Tante sein war nicht schlecht, ich wollte aber auch selbst Mutter werden. Doch das war zu dieser Zeit noch unmöglich, da mein Mann studierte und ich zu seinem Studium finanziell beigetragen habe. Das Geld war knapp, die Liebe groß und die Sehnsucht, ein Kind unter dem Herzen tragen zu dürfen, wurde immer größer, je auffälliger das Bäuchlein meiner Schwester wurde.
Ich musste mit meinem Mann über meinen Wunsch sprechen. Doch wie beginnen? Bloß nicht zu emotional! Das weckte zwar vielleicht seinen Beschützerinstinkt, aber auch sein Überlegenheitsgefühl.
Und am Schluss würden wir dann doch nur seinen Gesetzen der Vernunft folgen!
Also keine Kerzen und keinen Wein, sachlich sollte die Unterredung sein!
Eines Tages fühlte ich mich innerlich dem Gespräch so weit gewachsen, dass ich es endlich wagen wollte. Doch das Warten machte nervös. Was ist, wenn er nicht auf mich eingeht, wenn er mich nicht versteht und mich stattdessen umstimmen will? Solche Bedenken und Ängste stiegen in mir auf. Die Zeit wollte einfach nicht vergehen. Immer stärkeres Herzklopfen bekam ich, fast wie bei der ersten Verabredung! Doch alles wurde schließlich über-

deckt von meiner Entschlossenheit. Schließlich wollte ich ein Kind, und zwar so bald wie möglich!
Die Haustüre ging auf und ich flog ihm in die Arme. Da war er endlich, mein immer gut gelaunter Optimist, der so gern Probleme klein redet oder verdrängt. Bitte nimm uns heute ernst!
Ich wusste, dass er an meinem Gesicht und an der Art, wie ich ihn begrüßte, gemerkt haben musste, dass ich anders war als sonst. Bitte, bitte frag' mich doch jetzt, was los ist! Frag doch endlich! –
„Schatz, ist das Essen schon fertig oder soll ich erst die Post erledigen?" – Ich war den Tränen nahe. War das ein Versuch abzulenken?
„Dein Essen ist dir wohl wichtiger als deine Frau!", reagierte ich spitz und mit gespielt unterkühltem Ton. Dabei befreite ich mich aus seiner Umarmung. Nun musste er doch fragen, ob etwas nicht stimmte! Er meinte, ich solle keinen Unsinn reden und dann kam von ihm endlich die ersehnte Frage: „Ist was los mit dir?"
Na also, jetzt konnte das Gespräch beginnen, dachte ich. „Weißt du, das kann ich nicht so einfach mit Ja oder Nein beantworten. Ich muss da ausführlicher mit dir darüber reden." Wir setzten uns an den Wohnzimmertisch.
„Zu Doris habe ich ja ein gutes Verhältnis." – „Donnerwetter, ist ja sensationell, was du mir zu sagen hast!" – „Einmal möchte ich erleben, dass du auf mich eingehst!", reagierte ich empört. – „Jetzt sei doch nicht gleich beleidigt. Ich hab doch nur Spaß gemacht." Er rückte seinen Stuhl näher zu mir, legte den Arm um mich und gab mir einen flüchtigen Kuss auf die Wange. „Tut mir Leid. Ich bin wirklich neugierig darauf, was du mir zu sagen hast." – „Heute Nachmittag war ich mit ihr, also mit Doris, in der Stadt einkaufen.

Da waren wir auch im Kinderladen, nach Babysachen sehen. Sie freute sich sehr und ich freute mich mit ihr. Aber ich weiß nicht, ob ich mich wirklich freute. Das Freuen fiel mir nämlich schwer. Aber ich glaube auch nicht, dass ich ihr was vorgeheuchelt habe. Irgendwie freue ich mich schon, aber dann auch wieder nicht." – „Das klingt alles ziemlich verwirrend, findest du nicht?", unterbrach er mich plötzlich. – „Willst du mich vielleicht schon wieder auf die Schippe nehmen?", schielte ich ihn misstrauisch von der Seite an. – „Nein, nein!, beeilte er mir zu versichern, „ich hab' nur laut gedacht, erzähl doch bitte weiter!"

„Wo wir auch hinkamen, alles drehte sich um ihren Bauch, um Junge oder Mädchen und woran man das unfehlbar erkennen könne. Um den voraussichtlichen Geburtstermin. Was Übelkeit am Morgen zu bedeuten habe, was am Abend. Wie man am besten mit sonderbaren Gelüsten umgehe und mit Ekel oder Lustlosigkeit. Warum Müdigkeit direkt nach dem Aufwachen ein gutes Zeichen sei, aber dann wiederum auch ein schlechtes. Dass man mit einem zu früh eingerichteten Kinderzimmer die Schwangerschaft gefährden könne. Dass man als Schwangere auf keinen Fall vor Tieren erschrecken dürfe. Und dass man sich in der Zeit der Schwangerschaft am besten von anderen fern halten solle, deren Ratschläge seien doch nichts anderes als Vorurteile und abergläubisches Gerede. Ich stand ziemlich unbeachtet daneben, manchmal belustigt, manchmal erstaunt, immer aber auch ein wenig neidisch. Fragende Blicke trafen mich. Und Sie wollen kein Kind? Das war wie ein Stich ins Herz: Und Sie wollen kein Kind? Und ob!! Es gibt doch Studentenpaare mit Kind. Das geht also. Wollen wir nicht doch auch ein Kind haben, jetzt?"

Er beugte sich zu mir, legte den Arm um mich, nahm meine Hand und drückte mich an sich. Was jetzt folgte waren Überlegungen zum Verhalten anderer Leute und Hinweise auf die Schwierigkeiten eines uns bekannten Studentenpaares mit Kind. Ich hörte traurig und nicht immer sehr aufmerksam zu. Gut erinnern kann ich mich noch an sein Bekenntnis zu einem Baby.
„Liebling, was heißt wollen?", meinte er, „Wir beide und dazu unser Baby, das wäre natürlich eine wunderbare Sache. Das stelle ich mir großartig vor. Aber, was hätten wir von unserem Kind? Du musst arbeiten, ich studiere, die Wohnung ist für drei Leute zu klein und trotz deiner Arbeit wäre das Geld reichlich knapp." –
„Meine Mutter würde das Kind tagsüber zu sich nehmen, bis ich von der Arbeit komme. Und du bist sowieso nur am Wochenende hier. Wir drei sind also kaum zusammen in der Wohnung, fürs erste. Und später können wir uns eine größere Wohnung leisten."
„Wenn ich nur zum Wochenende hier bin, habe ich doch viel zu wenig von meinem Kind. Als Vater will ich die Entwicklung mitgestalten können und nicht von der Erziehung praktisch ausgeschlossen sein. Lass' es uns doch so machen, wie wir es uns vorgenommen hatten. Ich beende mein Studium, dann gehen wir für drei Jahre ins Ausland. Und wenn wir zurück kommen, können wir unserem Baby die optimalen Startbedingungen bieten. Aber jetzt wäre doch alles ziemlich chaotisch. Deine Mutter braucht bloß einmal krank zu werden oder auf das Kind deiner Schwester aufpassen müssen. Dann hätten wir sofort die Katastrophe am Hals.
Ich hörte von ihm, was ich befürchtet hatte, nicht das was ich hören wollte. Und vor allem wollte ich jetzt nicht vernünftig sein. Ein *Kind* wollte ich! Nein, zufrieden war

ich bestimmt nicht mit unserem Gespräch. Aber ich gab mich einsichtig, nach außen hin. Klaus-Dieter schien froh und erleichtert. Und so folgten wir den Gesetzen der Vernunft. Innerlich blieb ich aufgewühlt, denn mein Ziel hatte ich ja nicht erreicht.

Meine Schwester brachte im Januar 1972 ein gesundes Mädchen zur Welt, und in meine Freude über das neue Mitglied der Familie mischte sich Traurigkeit darüber, dass ich nicht die Mutter war.

Er 1

„Also Moment mal! Es ist nicht deine Geschichte, sondern unsere Geschichte. Deshalb schlage ich vor, dass wir beide etwas schreiben, jeder, wie er es erlebt hat." So mischte ich mich in Ingrids Notizen und fügte meine eigenen Erinnerungen hinzu. Sie ließ es geschehen. – Als wir 1971 heirateten, war ich noch nicht ganz 24 Jahre alt. Über Kinder habe ich mir bis dahin nicht viel Gedanken gemacht. Es war ohnehin klar, dass dies im Augenblick noch kein Thema für uns sein konnte, war ich doch noch Student in Würzburg. Und eine eigene kleine Wohnung konnten wir uns nur deshalb leisten, weil Ingrid in einer Bad Mergentheimer Klinik als Laborantin tätig war. Außerdem wollten wir nach dem Studium für einige Jahre ins Ausland.

Schon als Verlobte waren wir uns darin einig, dass wir grundsätzlich für Kinder sind – vielleicht für zwei, dann natürlich ein Junge und ein Mädchen – aber nicht gleich am Anfang unserer Ehe.

Kinderwunsch war übrigens gegen den damaligen Trend. Zumindest kam es mir so vor. Die meisten anderen Paare in unserem Bekanntenkreis zogen es vor, kinderlos zu bleiben. Für die einen war die Karriere viel wichtiger als Nachwuchs. Sie sahen in einem Kind nur ein lästiges Hindernis für die eigene Entfaltung. So ein Schreihals im Haus störe nur die Beziehung, raube einem die Nachtruhe und bringe nichts als berufliche und private Beschränkungen. Für andere sah die Zukunft zu unsicher und gefährlich aus. Sie hatten Angst vor einem Atomkrieg, vor zur Neige gehender Bodenschätze oder vor der Vergiftung der Umwelt. Ein befreundetes Paar verzichtete aus Sorge vor Erbkrankheiten in der Familie auf ein eigenes Kind. Ihr Bruder litt an Schizophrenie. Den Übrigen ging es ähnlich wie uns: der Verzicht sollte bis auf weiteres sein. Interessant ist, dass heute fast alle unsere damaligen Freunde und Bekannten Kinder haben, auch die Bedenkenträger, eigene oder adoptierte!

Dass sich Ingrid klammheimlich doch möglichst rasch ein Kind wünschte, merkte ich, als wir über den Hochzeitstermin beratschlagten und sie mit der Neuigkeit herausrückte, dass ihre Schwester Doris auch heiraten wolle. Die Begründung folgte mit leuchtenden Augen und bedeutungsvoller Stimme, wobei jedes einzelne Wort bedächtig und durch die besondere Betonung inhaltsschwer präsentiert wurde. Meine Schwägerin sah Mutterfreuden entgegen!

Ihr künftiger Mann hatte die Ausbildung bereits hinter sich und folglich konnten sie sich im Gegensatz zu uns ein Baby leisten.

Neben den ganzen Vernunftgründen, die im Augenblick gegen ein Kind sprachen, fühlte ich mich auch noch zu jung und unreif für die Vaterrolle. Außerdem hatte ich mich gerade, nicht ohne Mühe, als Sohn vom Elternhaus „abgenabelt". In der ersten Zeit meines Studiums lebte ich nämlich noch bei den Eltern und die teilten mir –

sicherlich in guter Absicht – ständig mit, wie ich mein Leben gestalten sollte. Da wollte ich nicht gleich die Freuden der Eigenständigkeit und Unabhängigkeit gegen die Verantwortung des Vaters eintauschen. Aber ich wusste nun, wie bedeutsam ein Kind für meine Frau war. Deshalb kam ich zu der Einschätzung: Vaterfreuden ante portas! Finanziell ein Abenteuer, aber irgendwie zu schaffen, dafür gibt es Beispiele. Ein Studienkollege hatte eine Studentin geheiratet. Die hatten ein Kind und irgendwie kamen die über die Runden. Keine Ahnung wie, aber offensichtlich ist es nicht unmöglich!

Für verliebte Ehepaare sei ein Kind die Erfüllung eines Traumes, so äußerten sich nach meiner Erinnerung alle Frauen in unserer Familie. Zwar hörte ich auch – meist von männlicher Seite – Geschichten von Schrei-Tyrannen und vom geraubten Schlaf. Und das klang nicht gerade nach der Erfüllung eines Traumes! Doch auch jene Realisten wussten vom Zauber dieser kleinen Wesen und vom Glück durch sie, das die Eltern erfülle, zu berichten.

So fing ich also an, mir ein „Leben mit Baby" genauer und intensiver als bisher vorzustellen.

Aber erst das Studium beenden, das war klar – wenigstens mir!

Ein weiteres Ereignis erhärtete meinen Verdacht, dass Ingrid anders darüber dachte als ich.

Im Herbst 1971, kurz nach unserer Hochzeit, kandidierte ich zum ersten Mal für den Gemeinderat in Bad Mergentheim. Die Chancen gewählt zu werden waren denkbar gering, war ich doch gerade erst 24 Jahre alt geworden, Student und die Aussichten für Erstkandidaten sind im Allgemeinen nicht sehr gut. Doch wenn ich antrete, dachte ich mir, dann kämpfe ich auch um das bestmögliche Ergebnis. So war ich fast ständig unterwegs, entweder am Studienort oder im Wahlkampf. Auch an diesem Tag kam ich von einer Vorbereitung für weitere Aktionen in der Wahlkampagne nach Hause, im Kopf noch ganz bei den Gesprächen. Kaum hatte ich die Tür geöffnet, da lag mir Ingrid auch schon in den Armen. Eine Begrüßung wie in einem Werbefilm. Das ideale Paar! Schön. Ich genoss es, war aber verwundert, denn das war nicht alltäglich.

Ich hatte Hunger.

„Schatz, ist das Essen schon fertig oder soll ich erst die Post erledigen?" Diese Frage muss bei ihr fast wie eine Kriegserklärung angekommen sein.

„Das Essen ist dir also wichtiger als deine Frau! Das hätte ich mir eigentlich denken können. Wer seine Frau den ganzen Tag alleine lässt, der kann sich ja gar nicht für sie interessieren," klagte sie in weinerlichem Ton. Erschrocken wehrte ich mich: „Rede doch keinen Unsinn." Dann fragte ich besorgt, ob etwas mit ihr los sei.

Sie hatte sich schnell wieder beruhigt und wir setzten uns auf die Couch am Wohnzimmertisch.

Nun begann sie vom Nachmittag mit ihrer Schwester, der man inzwischen die werdende Mama ansah, zu erzählen. Sie waren, glaube ich, zusammen in der Stadt, Babysachen einkaufen. Alles drehte sich nur um die Schwangerschaft der Schwester. Als sie davon berichtete, dass sie sogar gefragt wurde, ob sie denn eigentlich kein eigenes Kind haben wolle, war sie auch jetzt wieder sehr getroffen und erschüttert. Ich nahm sie in den Arm: „Was müssen sich die anderen immer in Sachen einmischen, die sie nichts angehen! Es ist allein unsere Angelegenheit, ob und wann wir ein Kind wollen oder nicht! Hör' doch nicht auf das Geschwätz anderer Leute. Die haben keine Ahnung, aber sie reden trotzdem mit. Stell' dir bloß mal vor, wie die selben Leute reden würden, wenn du schwanger wärst: Der Mann studiert noch und da kriegen die schon ein Kind. Die sollen doch erst auf eigenen Füßen stehen. Immer alles gleich haben wollen und dabei den Eltern und dem Staat auf der Tasche liegen. Und wie viele Studentenehen gehen wieder auseinander? Früher hätte es so etwas nicht gegeben! - So oder so ähnlich würden sie sich die Mäuler zerreißen." Sie streifte meinen Arm ab und fragte: „Wie lange dauert denn dein Studium noch? Jetzt rutschte sie von mir weg und schaute mich vorwurfsvoll fragend an: „ Ich seh' bloß, dass du dich in der Politik engagierst. An der Uni bist du doch kaum mehr." Der Vorwurf traf mich überraschend und ich fand ihn nicht gerechtfertigt.Deshalb reagierte ich gereizt und in ziemlich scharfem Ton: „Werde bitte nicht ungerecht." Nach kurzer Atempause erklärte ich schon wieder ruhiger: „Es waren schließlich Semesterferien. Jetzt geht es bald wieder richtig los, dann bin ich auch öfters an der Uni." Und dann kam meine feine Gegenspitze: „Das wird dir wahrscheinlich auch nicht sehr gefallen." Beim letzten Satz hatte sie abgewinkt, war aufgestanden und ging jetzt einige Schritte auf und ab. „Ich bin doch so und so allein, ob du hier bist oder nicht." Diesen neuerlichen Vorwurf ließ sie eine kleine Weile auf mich wirken. Dann in die Stille, mehr zu sich selbst, brach es plötzlich trotzig und unter Tränen aus ihr heraus: „Ich will aber ein Kind, – und zwar jetzt!" Dabei schlug sie wie zur Bestätigung die rechte Faust in ihre linke Handfläche. Dann fuhr sie weinerlich fort: „Neulich hat mir jemand gesagt, wenn man zu lange mit dem Kinderkriegen wartet, kriegt man am Ende keins mehr." Und wieder an mich gewandt: „Du kennst doch welche in Würzburg, die studieren beide, sind

noch nicht einmal verheiratet und haben trotzdem schon ein Kind."
Sie setzte sich ans andere Ende des Sofas und ich antwortete so ruhig wie möglich: „Die jammern aber schwer und sind beide ziemlich unzufrieden, denn die haben Stress pur und die helfenden Eltern meckern anscheinend auch dauernd und mischen sich in alles ein. Das letzte Referat, das er halten sollte, hat er nie fertig geschrieben und jetzt hat er keinen Schein bekommen und muss das ganze Seminar noch einmal machen. Das Geld reicht ihnen hinten und vorne nicht." Enttäuscht, doch entschlossen entgegnete sie mir: „Na, ich studiere ja nicht, sondern verdiene schon Geld. Solange ich bei der Arbeit bin, würde Mutter das Kind nehmen, hat sie mir gesagt" Ich rutschte auf dem Sofa ein Stück zu ihr hin: „Willst du unser Kind von anderen Leuten erziehen lassen? Ich nicht! Wenn wir schon ein Kind haben, dann soll es auch von uns, den Eltern, erzogen werden und von niemandem sonst. Ich will nicht, dass andere ein Wort bei uns mitzureden haben." Schluchzend ließ sie es zu, dass ich jetzt wieder den Arm um sie legte. „Unser Baby soll doch die besten Bedingungen fürs Leben haben! Lass' es uns doch so machen, wie wir es uns vorgenommen hatten. Ich beende mein Studium. Dann gehen wir für drei Jahre ins Ausland. Und wenn wir zurück kommen, können wir unserem Baby die optimalen Startbedingungen bieten."
Mit tränenerstickter Stimme sagte sie resignierend: „Ich weiß ja, dass du Recht hast, aber gefallen tut mir das alles überhaupt nicht." Das Taschentuch, das sie nötig gehabt hätte, war nicht griffbereit. Sie schluchzte: „Versprich mir wenigstens, dass du so schnell wie möglich fertig wirst und nicht unsere Zeit in der Politik vergeudest." — „Das

verspreche ich dir". Wir küssten uns. Nach einer Weile hauchte sie an meiner Schulter:„Du kannst ganz schön eklig sein, wenn du vernünftig bist. Dann glaube ich manchmal, du willst in Wahrheit keine Kinder, weil dir das verfluchte Vernünftigsein so gar nichts ausmacht!" – „Also Schatz, natürlich will ich Kinder, aber wir haben doch wirklich noch Zeit damit – ehrlich!" – „ Wie viele willst du denn?" – „Zwei oder drei." – „Aber hoffentlich nur von mir!" Wir lachten uns herzlich an.
Noch einmal hatte ich sie überzeugen können. Für wie lange?
Die Situation verschärfte sich, als nach der Doppelhochzeit bei Schwägerin Doris eine Tochter die Familie vervollständigte. Zwei Jahre später kam dann ein Sohn hinzu und dazwischen bekam auch noch eine Arbeitskollegin ein Kind. Meldungen dieser Art empfand ich zunehmend als störend, ja sogar als eine Art von Provokation, so dass ich mich darüber zu ärgern begann. Denn ich fürchtete, dass dadurch in meiner Ehe Komplikationen entstehen könnten. Vielleicht war es nichts als eine falsche, subjektive Empfindung, aber ich fand mich jetzt auf eine so häufige Art mit der Nachricht, „die kriegen ein Baby" konfrontiert, dass ich den Statistiken, wonach in Deutschland immer weniger Kinder geboren würden, gründlich zu misstrauen begann.
Die Zeit verging. Meine Studentenzeit war zu Ende. Ich hatte inzwischen das Staatsexamen und eine Anstellung als Studienreferendar für das Lehramt an Gymnasien in Ansbach. Tatsächlich habe ich damals nicht mit Ingrid über eine Änderung unseres Verhaltens in Bezug auf den Kinderwunsch gesprochen. Sie redete nicht viel darüber, sie handelte nun. Sie achtete darauf, besonders an solchen Tagen mit mir zusammen zu sein, an denen eine Emp-

fängnis möglich war. Ich ließ es geschehen und hatte nichts mehr gegen Vaterfreuden einzuwenden. Das war in den Jahren 1976 und 1977.
Von den drei Berufsmöglichkeiten, die ich ernsthaft erwogen habe, nämlich Lehrer oder Journalist zu werden oder aber eine politische Laufbahn einzuschlagen, zeichnete sich ab, dass die ehe- und familienfreundlichste Variante, nämlich der Lehrberuf, immer wahrscheinlicher wurde. Zwar reichte es zu meiner Zeit bei weitem nicht mehr aus, Erst- und Zweitexamen einfach zu bestehen, die Note gut musste es schon sein, um Einstellungschancen zu haben, aber so extrem wie heutzutage war die Situation noch lange nicht, so dass ich allmählich tatsächlich mit einem gesicherten Einkommen rechnen konnte und eine bürgerliche Existenz sich abzeichnete. Wozu also noch vorsichtig sein?
Ohne mit meiner Frau darüber zu sprechen, fand ich es allmählich ein wenig sonderbar, dass eine im Stillen erwartete „freudige Nachricht" sich nicht einstellen wollte. Beunruhigt war ich freilich nicht darüber, denn unter finanziellen Gesichtspunkten schien es mir immer noch besser, weiter abzuwarten. Eine feste Stelle hatte ich schließlich noch nicht, und für ein paar Jahre wollten wir doch eventuell ins Ausland.

Sie 2

An meinem Arbeitsplatz in einem Labor konnte ich mich von den Mutterfreuden in meiner Familie ein wenig erholen. Doch nicht sehr lange! Denn nach etwa einem Jahr kam alles noch viel schlimmer: Als ich wie jeden Morgen das Labor betrat, war eine meiner Kolleginnen schon da.

Sie schaute mich vielsagend an, schwieg aber dabei. Ich fragte deshalb:
„Was ist denn los? Habe ich etwas falsch gemacht?"
Leicht kichernd verneinte sie und verfiel erneut in ihr beredtes Schweigen. Schließlich platzte ich heraus: „Also wirklich. Hier stimmt doch etwas nicht. Wenn etwas passiert ist, dann sollten wir offen darüber reden, aber doch nicht wie im Stummfilm nebeneinander arbeiten."
Sie wirkte plötzlich entschlossen und ernst: Du willst es ja unbedingt wissen.
– Ich bin schwanger!" –
Ich hatte schon so was geahnt. Doch nun war es Gewissheit. Kein Irrtum war mehr möglich. Auch sie bekam ein Kind!! Mir war zum Heulen. Meine Schwester, meine Kollegen, nur nicht ich! Da stand ich nun und kämpfte mit den Tränen.
„Du wolltest es ja unbedingt wissen.", hörte ich sie von Ferne wiederholen.,, Ja, das wollte ich. Und für dich freut es mich. Ehrlich! Aber kannst du verstehen, dass es mir auch wehtut?" Mehr konnte ich nicht sagen. Die Stimme versagte mir. Deshalb lief ich aus dem Labor. Jetzt wollte ich nur noch allein sein.
„Sei jetzt bitte nicht neidisch. Bei dir klappt es auch noch einmal. Da bin ich mir ganz sicher.", rief sie mir nach. Doch ihr Versuch mich zu trösten erreichte mich nicht ...
Das Mutterglück wurde mir schon bald im Doppelpack vorgeführt, im Privatleben von meiner Schwester, im Berufsleben von meiner Kollegin. Ich fühlte mich mit Babygeschichten regelrecht unter Beschuss genommen. Um mich herum erblühte eine Welt im Kinderglück und ich bin nur Zaungast, Außenstehender, Zuschauer! Wie gerne wäre ich doch auch Hauptfigur in dieser Welt gewesen! Da fiel es mir zunehmend schwer, freudige

Anteilnahme an der Entwicklung der Babys zu zeigen. Sprüche wie folgende musste ich mir oft anhören, leider konnte ich sie immer weniger ertragen, was mich dann wieder wütend auf mich selbst machte:
– Das Baby krabbelt schon, übrigens noch früher als damals Onkel Albert und der hält den Rekord in der Familie! – Es hat schon sein erstes Zähnchen. – Es will schon sitzen, aber Vorsicht, zu frühes Sitzen schadet der Wirbelsäule. Tante Beate saß auch zu früh und bekam schon mit 30 einen Bandscheibenvorfall. – Was, es macht schon die ersten Schritte? Toll, aber denk' daran, es ist ein Mädchen. Nicht zu früh gehen lassen. Nicht dass es O-Beine kriegt. Bei Jungen ist es egal, aber ein Mädchen will doch keiner mehr heiraten! –
Die ganze Welt drehte sich nur noch um den Nachwuchs, so schien es mir damals.
Es kam jetzt auch vor, dass Gespräche abbrachen, wenn ich auftauchte. Dann entstand eine Stille, die wohl alle als etwas peinlich empfanden, zumindest ich selbst. Ich kam mir dann vor wie ein Störenfried, was mich genauso bedrückte wie das Gesprächsthema.
Zu Besuch bei einer Bekannten schüttete ich mein Herz aus. „Ich kann es nicht mehr mit anhören, wie alle nur noch über Babys reden", sagte ich ihr in aller Offenheit. – „Ach, da musst du einfach durch. Das gibt sich mit der Zeit," reagierte sie mit betont lässiger Stimme und abwinkender Handbewegung. – „Na ja, ehrlich gesagt habe ich manchmal schon das Gefühl, als würde die Situation gerne ausgekostet.", entrüstete ich mich. „An meinem Unglück strahlt das Glück der Anderen besonders hell." – „Ich glaube, jetzt wirst du ungerecht", bemerkte sie entschlossen. „Erwartest du vielleicht, dass alle ständig mit dir leiden sollen?", fügte sie vorwurfsvoll hinzu.– „Na-

türlich nicht! Aber ich höre täglich nur ausführliche Bulletins über immer neue Höhepunkte an Glücksgefühlen", rechtfertigte ich mich und fing an, mich über meine Bekannte zu ärgern. „Dagegen erzählt mir niemand etwas über die üblichen Alltagssorgen! Ich hab' das Gefühl, dass man in meiner Anwesenheit immer nur über Kinder spricht. Dabei gibt es auf der Welt schließlich noch andere Themen!" – „Weißt du was, ich glaube du bist einfach neidisch und missgünstig!", erwiderte sie. Das war mir dann doch zu viel. Ich wurde laut: „Das muss ich mir von dir nicht gefallen lassen, diese gemeinen Vorwürfe! Du bist nicht besser als das ganze Pack!" Wütend ging ich weg.

An diesem Tag fühlte ich mich von allen verlassen. Keiner schien mich zu verstehen. Mir war zum Heulen zumute. Ich war getroffen und ärgerte mich über meine Offenheit. Stimmte der Vorwurf womöglich? War ich wirklich neidisch und missgünstig? Ich wehrte mich dagegen und war mir doch unsicher. Deshalb griff ich zu Hause zum Lexikon.

N..., Ne .., Nei . , NEID; Unlustgefühl, das jemanden befällt, wenn er einem anderen etwas nicht gönnt oder das gleiche haben will und es nicht bekommt.

MISSGUNST; jemandem etwas Gutes nicht gönnen.

Ich kam zu dem Schluss, dass Missgunst auf meine Gefühlslage nicht passt, Neid dagegen sehr wohl, wenn man darunter versteht, dass ich etwas Gleiches haben will und nicht bekomme.

Er 2

Eines Tages sprach mich Ingrid direkt an. „Sag mal, kommt es dir nicht komisch vor, dass wir nicht verhüten und trotzdem keine Kinder bekommen?" – Um ehrlich zu sein, hatte ich mich auch schon darüber gewundert. Meine Besorgnis hatte ich aber gleich wieder verdrängt und genau so wollte ich sie jetzt auch beschwichtigen. Es kam noch hinzu, dass mir das Thema in jenem Augenblick gerade ungelegen kam. „Ich glaube, du siehst wieder einmal das Gras wachsen. Haben wir es denn schon einmal ernsthaft versucht?" Dann, nach einer ganz kurzen Pause, fragte ich: „Hast du übrigens mein Buch über die alten Ägypter weggeräumt? Das Thema habe ich morgen in Geschichte." – „Ich will ein Kind bekommen, aber der gnädige Herr denkt lieber über Mumien nach. Kein Wunder, dass das nichts wird mit uns. Aber das ist ganz typisch für dich. Immer weichst du mir bei diesem Thema aus und versuchst abzulenken. Glaub bloß nicht, dass ich das nicht schon längst gemerkt habe. Ich weiß auch, warum du das tust. Du willst nämlich in Wahrheit gar kein Kind!" Mit dieser Reaktion hatte ich nicht im Schlaf gerechnet und ich fand sie auch reichlich überzogen, aber es kam noch schlimmer. Sie schloss sich ins Schlafzimmer ein und weinte. Jetzt stand ich ganz schön dumm da mit meinem wenig feinfühligen Verhalten. Eigentlich hätte ich sie ja inzwischen besser kennen sollen. Irgendwie brachte ich sie dann doch wieder in meine Arme. Den Eindruck, keine Kinder zu wollen, musste ich aber doch entkräften. Deshalb zeigte ich mich sofort einverstanden, als sie mit dem Vorschlag kam, wir beide sollten uns einmal gründlich untersuchen lassen, ob wir überhaupt Kinder bekommen könnten. In Wahrheit war mir die Vorstellung, untersuchen zu lassen, ob ich ein vollwertiger Mann sei, ziemlich unangenehm. Was würde sein, wenn sich herausstellte, dass bei ihr alles in Ordnung ist, ich aber zeugungsunfähig bin? Wie würde sie wohl darauf reagieren? Ein schlechtes Ergebnis hätte ich nicht nur für mich allein zu verkraften, auch Ingrid müsste dies tief treffen und unsere Beziehung wäre unweigerlich einer erheblichen Belastung ausgesetzt. Ich grübelte darüber nach, wie diese Untersuchung mit einem Schlag unser ganzes Leben verändern könnte.

Eines wusste ich genau, sollte es an meiner Frau liegen, hätte dies keine Konsequenzen. Denn ich konnte mir durchaus ein Leben ohne Kinder vorstellen. Für ein erfülltes Leben müssen nicht alle Wünsche in Erfüllung gehen! Und schließlich gibt es ja auch die Möglichkeit der Adoption. Das wäre doch eine Alternative!

Was aber aus uns wird, wenn es an *mir* liegen sollte, da war ich mir allerdings ganz und gar unsicher! Bei ihrem so tief sitzenden Kinderwunsch! Ich würde dann mit dem Vorwurf leben müssen, schuld zu sein, dass ihr sehnlichster Wunsch nicht in Erfüllung gehen kann, vielleicht nie offen ausgesprochen, aber ständig zwischen uns stehend, wie eine unsichtbare Klagemauer. Könnte ich damit fertig werden? Kann sie damit fertig werden? Müsste ich mich vielleicht dann von ihr trennen – aus Liebe?

Ich kam zu dem Ergebnis: Am besten, es werden keine gravierenden Defekte festgestellt und wenn doch, dann gleich bei beiden!

Mit meinem Hausarzt habe ich ziemlich allgemein und belanglos über das Problem gesprochen, um mich zu informieren, was mich eventuell erwartet und auch, um zu erfahren, wohin ich mich am besten wenden könnte. Seit kurzem wusste ich, dass ich zu hohe Blutfettwerte hatte. Die Ergebnisse meiner letzten Blutuntersuchung habe ich zum Anlass genommen, um auf das für mich heikle Thema der Zeugungsfähigkeit zu sprechen zu kommen „Die Cholesterinwerte lassen sich ja durch Sport positiv beeinflussen. Gilt das eigentlich auch für die Zeugungsfähigkeit?" – „Wieso fragen Sie? Glauben Sie da Probleme zu haben?" – „Nein, nein!", wehrte ich schnell ab, „das ist mehr ein akademisches Interesse. Wie weit ist denn eigentlich die Medizin auf diesem Gebiet?" – „Na ja," antwortete er nachdenklich, „da lässt sich heutzutage schon einiges machen. Zunächst wird man das Ejakulat des Betreffenden genauestens im Labor untersuchen und danach gegebenenfalls den Patienten ‚auf den Kopf stellen'." – Ach du liebe Zeit, schoss es mir durch den Kopf, was kommt da wohl auf mich zu? – Er fuhr fort, „die Medikamente sind inzwischen so gut, dass den meisten geholfen werden kann. Leider ist das für Männer heute noch ein ausgeprägtes Tabu-Thema, viel stärker als bei Frauen. Die gehen viel offener damit um. Und wenn schon mal ein Mann kommt, dann ist fast immer seine Frau dabei." Er lächelte mich auf eine Weise an, dass ich das Gefühl hatte, durchschaut zu sein. Trotzdem hielt ich an meinem „akademischen" Interesse fest und führte das Gespräch betont sachlich weiter: „Interessant, und welche Ärzte haben sich darauf spezialisiert?" – „Gewöhnlich der Urologe." Und jetzt kam ich meiner ganz persönlichen Hauptsorge oder sagen wir ruhig meiner Angst ganz nahe und ich spürte, wie es mich anstrengte, den sachlich distanzierten Ton zu bewahren: „Gibt es denn Statistiken darüber, wer in einer Ehe bei ausbleibendem Kindersegen häufiger schuld ist?" – Er schien jetzt meine innere Betroffenheit nicht bemerkt zu haben und antwortete wie ein Nachrichtensprecher: „Früher hielt man das für ein Problem der Frauen und nur in seltenen Fällen für eines der Männer. Heute weiß man, dass die Ursachen wohl genauso oft beim Mann liegen wie bei der Frau." Genau das wollte ich eigentlich nicht hören. Jetzt war ich noch viel stärker beunruhigt als vorher.

In dieser Unterredung blieb ich jedoch dabei, das Thema nicht auf mich und meine Situation zu beziehen. Konkrete, auf mich bezogene Auskünfte oder gar Untersuchungstermine konnte ich auf diese Weise natürlich nicht erwarten. Ich schob die Sache aber sehr gerne auf die lange Bank und hoffte auf eine ganz natürliche Lösung des Problems: die Schwangerschaft meiner Frau.

Als aber Ingrid eines Tages mit der Nachricht kam, bei ihr sei alles in Ordnung, war es um meine innere Ruhe endgültig geschehen. Die erfreuliche Auskunft hatte für mich etwas zutiefst Beunruhigendes. „Bei mir ist alles in Ordnung", hatte sie gesagt. Also musste es wohl an mir liegen. Wie deprimierend! Geradezu triumphierend klang ihr Satz in meinen Ohren – mit einer Prise Vorwurf vermischt! Hatte sie nicht das „*Mir*" auf etwas spitze Weise betont? Je mehr ich darüber nachdachte, desto sicherer war ich mir. „Bei *mir* ist alles in Ordnung" – und ich saß im Keller, psychisch gesehen! Na siehst du, hörte ich mich zu ihr sagen, ich hab's doch gleich gewusst. Weiter sagte ich nichts. Zu sehr war ich mit mir selbst beschäftigt. Ganz klar, bei mir musste etwas nicht stimmen. So lange, wie wir schon nicht mehr aufpassen, da sind andere schon zweimal Vater geworden.

Um mich vor all den Grübeleien zu schützen, habe ich mich in andere Arbeiten gestürzt. Das Engagement in der Kommunalpolitik bietet dazu unerschöpfliche Möglichkeiten. Aber das Thema „Kinder" hat mich fortan sehr leicht in eine ziemlich gereizte Stimmung versetzt.

Im Stillen forschte ich nach möglichen Ursachen für die offensichtliche Störung.

Mit meiner Mutter führte ich Gespräche über die Familie. Es könnte ja sein, dass ich etwas Vererbtes mitbekommen habe. Oder könnte es am Ende sogar sein, dass durch die Erziehung etwas fehlentwickelt wurde? Könnte vielleicht die streng religiöse Kinderstube, die vor allem meine Mutter gerne pflegte, ein Ansatzpunkt sein? – Unsinn! Gedanken kamen und wurden wieder verworfen. – Habe ich nicht als Kind gerne mit Puppen gespielt, bis man es mir abgewöhnte? Also wirklich, wie soll da ein Zusammenhang mit der Zeugungsfähigkeit bestehen? Erwogen und dann bald wieder als lächerlich und dumm verworfen! Tatsächlich verfolgten mich in dieser Lage auch absurde Ideen immer wieder, wenn auch nur für eine kurze Zeit lang.

Ein Gedanke beschäftigte mich allerdings recht intensiv: Mein Bruder ist erst achteinhalb Jahre nach mir geboren. Vater war im Weltkrieg bei den Fliegern. Da sollen Strahlenschäden vorgekommen sein, genetische Veränderungen bis hin zur Unfruchtbarkeit. Das könnte doch ein Hinweis auf einen vererbten Defekt sein!

Eindeutiges und Überzeugendes kam bei meinen Recherchen innerhalb der Familie nicht heraus. Jeder sprach nur vage von Möglichkeiten. Bei meinem Vater gab es keine medizinischen Untersuchungen diesbezüglich und immerhin wurde er nach dem Krieg zweimal Vater. Vielleicht hat er aber etwas an seine Kinder vererbt. Wer weiß das schon? Was blieb mir? Nichts als neue Unsicherheiten!

Es gab auch ein gegenläufiges Bestreben bei mir. Ich trug gerne zusammen, was dafür sprach, dass alles bei mir in Ordnung ist. Eigentlich habe ich immer gerne hübsche Frauen gesehen, aber jetzt fiel es mir wohltuend auf, dass ich sie gerne sehe. Wie herrlich normal war das doch!
Für kurze Zeit erwog ich sogar einen Seitensprung. Natürlich nichts „Ernstes", nur um mir meine Normalität und Gesundheit zu beweisen und als eine Art Kur an der leidenskranken Seele! Emotionales vermischte sich auf unselige Weise mit Rationalem. Ich fühlte mich als Mann getroffen und suchte gleichzeitig mit dem Verstand einen Weg durch das irrationale Chaos in mir. Vor allem wollte ich die bohrenden und lähmenden Selbstzweifel endlich wieder loswerden. Da geriet ich auch auf gedankliche Irrwege und Abwege, die zwar nur aufblitzten und schnell wieder versanken. Aber sie waren, wenn auch nicht lange, so doch ein episodenhafter Teil meiner Überlegungen, begleitet mit Texten von und über Sigmund Freud.
Auch eine lange Bank hat ein Ende. Und so kam mit unerbittlicher Konsequenz der Tag, an dem meine Frau mit der Nachricht kam, in Schwäbisch Hall befinde sich ein Spezialist für mich, zu dem solle ich doch einmal gehen, Dr. Herr.
Mit einem Schlag hatten mich meine Ängste wieder und es gab kein Entrinnen mehr.
Der Spezialist erwies sich als interessanter älterer Herr, den ich nicht ohne Sympathie betrachtete und der mich neugierig auf sein Wissensgebiet machte.
Er entsprach so gar nicht meinem Bild von einem Arzt oder einem Wissenschaftler.
Beobachter und Freund nannte er sich gern. Von R. Steiner schien er alles zu wissen. Aber damit erschöpften sich seine Kenntnisse keineswegs. Wie gesagt, er war ein

höchst interessanter Gesprächspartner. Anthroposoph stand auf seinem Schild. Und er nahm sich Zeit für uns. Lange Gespräche gingen den Untersuchungen voraus, Gespräche von einer mitunter bestürzenden Direktheit, besonders wenn es um die Beziehung zwischen Mann und Frau ging. Mitunter suhlte er sich dann geradezu in vulgärsprachlichen Wendungen. Meine arme Ingrid wurde öfter rot und bleich zugleich, was er wiederum zu genießen schien. Mein erstes Fazit damals: Der Mann war gleichzeitig faszinierend und schockierend. An meiner Einschätzung hat sich auch später nichts geändert.

Die anschließende Untersuchung empfand ich als extrem unangenehm, weil psychisch außerordentlich belastend. Zum Beispiel musste ich zur Untersuchung der Genitalien bereit sein, und zwar im Beisein einer jungen, hübschen Arzthelferin, die dem Arzt als Protokollantin diente. Der ganze Raum schien erfüllt von einer beklemmenden Atmosphäre der Peinlichkeit, die jeden im Zimmer erfasst hatte, außer den Arzt. Auch eine rektale Untersuchung der Prostata gehörte zu dem, was ich über mich ergehen lassen musste. Dies ist mir bis heute in besonders unliebsamer Erinnerung.

„So, jetzt kommen wir zum Höhepunkt", sprach mich der Arzt schließlich an. Ich verstand nicht recht. Da er mich aber dabei anlachte, lächelte ich gequält zurück und dachte gleichzeitig angestrengt darüber nach, wie der Scherz zu verstehen sei. – „Leider sind wir dafür vollkommen unangemessen eingerichtet. Aber Sie sind ja ein junger Mann. Da bin ich mir ganz sicher, dass wir keine Probleme bekommen werden." – „Tut mir Leid, aber ich verstehe nicht. Was soll ich denn jetzt tun?" – „Alles Weitere erklärt Ihnen meine Assistentin."

Dieses junge, sympathische Wesen führte mich nun ziemlich hastig zu einem kleinen, recht sterilen Nebenraum, übergab mir ein ovales Döschen und bedeutete mir – immer tiefer errötend –, ich solle jetzt Sperma gewinnen. Ich weiß nicht, wer von uns beiden in diesem Augenblick stärker verlegen war. Sie beeilte sich mich allein zurückzulassen. Ich schloss die Tür hinter mir ab und stand da, allein und ziemlich verwirrt, denn damit hatte ich ganz und gar nicht gerechnet. Die sterile Umgebung glich einem sehr kleinen, vor Jahren rundum weiß gekachelten Toilettenraum ohne Toilette mit einem hell gestrichenen kleinen Fenster, ähnlich wie in einer Gefängniszelle. Das einzige Möbelstück war ein weißer Hocker in der Mitte des Raumes. Nicht nur den Schock musste ich überwinden, auch den Raum musste ich mir wegdenken.

Das Döschen gab ich später, jetzt nicht ohne eine gewisse Genugtuung, an die junge Arzthelferin zurück. Die war immer noch verlegen und wurde schon wieder rot. Beinahe hätte sie die Dose auch noch fallen lassen.

Wieder mit meiner Frau zusammen folgte eine weitere Besprechung, die recht ermutigend verlief. Denn Dr. Herrs vorläufiger Befund lautete, dass ich gesund und zeugungsfähig sei. Das Ergebnis der Spermauntersuchung stand allerdings noch aus und weitere Untersuchungen sollten noch folgen, um Gewissheit zu haben. Nach den überstandenen Strapazen und den guten Aussichten war ich jetzt doch sehr erleichtert und Ingrid freute sich mit mir. Geradezu beschwingt fuhren wir nach Hause zurück und ließen den Abend in einem schönen Restaurant ausklingen.

Beim nächsten Termin machte Dr. Herr ein bedeutungsvolles Gesicht, das ich nicht recht zu deuten wusste. War vielleicht doch etwas nicht in Ordnung? Meine innere Unruhe hatte mich wieder.

„Sie schauen mich so vieldeutig an, ist etwas nicht in Ordnung?", fragte ich gespannt. „Haben Sie schon mal erlebt, dass alles in Ordnung war auf der Welt?", kam eine Frage zurück. Mir war im Augenblick weder zum Scherzen zumute, noch wollte ich Weltprobleme diskutieren. Mein eigenes Problem genügte mir vollauf und in dieser Beziehung beunruhigte mich seine Reaktion noch mehr. „Na, was denn jetzt? Bin ich etwa zeugungsunfähig?" – „Die Auszählung Ihrer Spermien hat die Zahl von sechs Millionen ergeben." Sechs Millionen! Sechs Millionen, wo doch ein einziges genügt. Alle Anspannung wich von mir ab. Stolz stieg in mir auf. „Das freut mich zu hören!", lächelte ich ihn erhobenen Hauptes an. Er blieb ernst: „Mich freut das gar nicht. Es sind nämlich viel zu wenig. Die Qualität ist auch nicht gut und die Beweglichkeit ist zu gering. Damit sind Sie nicht zeugungsfähig."

Ich war wie vom Donner gerührt. Saß nur stumm da und war fassungslos. Weiß nicht wie lange. Ungläubig. Dann ein zaghaftes Aufbäumen: „Sechs Millionen klingt doch wie Überfluss!", stammelte ich leise, mehr an mich selbst gerichtet. „Ist aber ein entscheidender Mangel. Normal sind 40 bis 100 Mio und 20 Mio sollten es mindestens sein", hörte ich meinen Richter von Ferne urteilen. Jetzt fühlte ich mich vernichtet. An mir liegt's also wirklich! Ich hab's doch geahnt Ich bin schuld. Jetzt ist alles aus!

„Kann man was dagegen tun?" Jetzt begann der Anthroposoph mich wieder aufzurichten. „Man kann eine ganze Menge tun", hörte ich ihn sagen. Zunächst sollte noch heute eine Kontrolluntersuchung durchgeführt werden, weil psychische Einflüsse und Stress das erste Ergebnis beeinträchtigt haben könnten.

Das stimmte mich nicht sonderlich hoffnungsvoll nach all dem, was ich soeben durchlebt hatte. Weiter schlug er eine medikamentöse Behandlung vor, die die Produktion von Spermien stimulieren sollte. Die Erfolgsaussichten schätzte er in meinem Fall mit nahezu hundert Prozent ein. Das klang dann doch nicht mehr so niederschmetternd wie zu Beginn.

In der bekannten Begleitung steuerte ich kurze Zeit später die bekannte sterile Umgebung an. Das Döschen trug ich diesmal selber. Wir lächelten uns an und alles schien viel weniger peinlich, als beim ersten Mal. Auch hatte ich innerlich so viel zu verarbeiten, dass gar kein Platz mehr war für ein Gefühl wie Peinlichkeit.

Auch diesmal erwies sich die Gesamtzahl der Spermien als nicht ausreichend. Mit etwas über 10 Millionen war es zwar besser als vorher, aber ein Medikament schien nötig zu sein.

Die Fahrt nach Schwäbisch Hall wurde allmählich zu einer Routineangelegenheit, für mich jedes Mal– um der Wissenschaft willen und zur möglichen Erfüllung unseres Kinderwunsches – mit einem onanösen Höhepunkt.

Eines Tages war die hübsche junge Dame, die mich immer zur Kabine begleitete, schwanger. „Das wäre doch ein überzeugender Nachweis für meine Zeugungskraft gewesen!", lächelte ich sie spontan an. So vertraut konnten wir inzwischen miteinander reden.

Die Behandlung schlug bei mir so gut an, dass ich auf einmal ins andere Extrem verfiel. Mit über 135 Millionen Spermien hatte ich nun des Guten zu viel. Immer wenn Stolz bei mir aufkommen wollte, holte mich Dr. Herr wieder auf den Teppich. „Auch wer zu viel Spermien hat, ist zeugungsunfähig. Sie behindern sich gegenseitig." Die Sache schien verhext. Zu allem Überfluss überraschte uns unser Arzt und Meister mit seiner Meinung, ich betrachte meine Frau zu sehr wie eine Heilige, eine Madonna. Ich solle mehr meinen Trieben freien Lauf lassen und nicht so sehr die Kopfsteuerung anstreben. Ich würde im Übermaß danach trachten, sie glücklich zu machen und zu wenig meine eigenen Wünsche berücksichtigen. In der Liebe solle man ruhig einen gesunden Egoismus ausleben. Das sei gleichzeitig für den Partner das Beste. Außerdem würden wir mehr als sechs Jahre nach der Hochzeit nicht mehr im Honeymoon, sondern im Ehe-Alltag leben. Als Konsequenz empfahl er Anregungen (fast) aller Art.

Dass ich in meiner Frau die unantastbare Madonna anbeten würde, kam mir nicht so vor. Vielmehr machte mir Ingrid manchmal den Vorwurf, ich würde mich wie ein Macho aufführen. Sollte sie mir das wieder einmal vorwerfen, dann konnte ich mich ab jetzt auf eine ärztliche Empfehlung berufen. Welcher Mann kann das schon!

Sie 3

Irgendwoher hatte ich den Tipp bekommen, beim Intim-leben möglichst unverkrampft zu sein und den Nachwuchs nicht in gleicher Weise zu planen wie früher seine Verhütung. Also versuchte ich auf nichts mehr acht zu geben. Ich gewöhnte es mir ab, darüber nachzudenken, was werden würde, wenn es klappt. Jedenfalls hatte ich mir das damals ganz fest vorgenommen. Richtig funktioniert hat das leider nie.

Die Jahre vergingen und nichts geschah. Ich konnte es nicht fassen, dass meine ganzen „Unterlassungen" nichts „fruchteten". Dies machte mir zunehmend Sorgen. Wir hätten schon längst Eltern sein müssen, wenn der natürliche Verlauf der Dinge auch bei uns gegolten hätte. Da

stimmte doch etwas nicht! Aber was? Der Sache musste auf den Grund gegangen werden.
Auf eine Empfehlung hin überredete ich meinen Mann, zu einem Anthroposophen in Schwäbisch Hall zu gehen. Gesagt, getan! Seine ungewöhnliche Art machte ihn uns unvergesslich. Er erschreckte mich und begeisterte mich zugleich. Ich kam aus dem Staunen über diesen Menschen gar nicht mehr heraus!
Das Ejakulat wurde untersucht und es wurde festgestellt, dass nicht genügend Spermien vorhanden waren, um ein Kind zu zeugen. Klaus-Dieter war für einige Zeit ziemlich deprimiert und reagierte auch kaum darauf, wenn ich ihm zeigte, dass ich ihn jetzt nicht weniger liebte. Außerdem konnte man etwas dagegen tun. Und schon bei der nächsten Untersuchung nach medikamentöser Behandlung teilte man uns zu unserem Erstaunen das genaue Gegenteil mit:
Wenn ich das Gespräch richtig verstanden hatte, – ich war mir nämlich unsicher, ob es passend war, bei diesem Männerthema allzu interessiert zu erscheinen – hatte er nun auf einmal zu viel Spermien, um ein Kind zu zeugen. Unser lieber Herr Doktor empfahl uns außerdem noch etwas, was ich ganz und gar nicht von einem Arzt erwartet hätte. „Kaufen Sie sich doch Pornohefte oder Sexfilme, die stimulieren und regen die Phantasie an. Kerzenschein, Musik und Wein, dazu ein Pornoheft, das wirkt oft Wunder." – „Gibt's das etwa auf Rezept?" – Typisch mein Mann! Aber die kurz entstandene Stille aus Peinlichkeit über die Tabuverletzung unseres Gegenübers war jetzt überwunden. Das Lachen tat gut und befreite mich wieder.
So ganz abschütteln konnte ich meine Erziehung im Elternhaus jedoch nicht. Schon allein wenn jemand über

Sexualität sprach, musste ich als junges Mädchen das Zimmer verlassen. Und jetzt sollte ich gar Pornohefte und Sexfilme kaufen, mein Gott, darüber redet man doch nicht einmal!

Was ist das eigentlich für ein Arzt? „Viele Männer kommen mit den vielen Rollen, die eine Frau spielen muss, nicht zurecht," dozierte er, mehr an meinen Mann gerichtet. „Sie brauchen eigentlich wenigstens vier Frauen, wie es der Islam erlaubt. Eine, die sie anbeten können und verehren wie eine Heilige, eine für ihre Ängste, Nöte und Sorgen wie eine Mutter, eine, die sich um alles kümmert, wie eine Sekretärin oder Hausfrau und eine, die immer bereit ist fürs Bett, wie eine Hure, nur zum monogamen Gebrauch," grinste er mir zu. Und nun empfahl er mir doch tatsächlich, mich einmal in der Rolle der „monogamen Hure" zu versuchen. Ich war sprachlos.

Den beiden Männern schien das Thema Spaß zu machen. Sie spekulierten über den Ursprung des menschlichen Zusammenlebens und über die Gewalt, die dem Mann angetan werde, wenn er sich monogam verhalten müsse. Dabei nahm mich mein Mann fest in seinen Arm und beteuerte, mit mir komme ihm monogames Verhalten als das Natürlichste der Welt vor. In meiner Verliebtheit erfüllte mich dies selbstverständlich mit Genugtuung und auch heute noch neige ich dazu, ihm abzunehmen, dass er es damals ernst gemeint hat. Wie der Arzt allerdings reagierte, erschütterte mich zutiefst. „ Sie beten Ihre Frau zu sehr an," sagte er meinem Mann.„Sie ist viel zu sehr Ihre Madonna! Sie sollte mehr Ihr Weib sein! Geben Sie dem Urtrieb auf das Weib freien Lauf und lassen Sie die Verehrung für die Madonna in der Kirche!" Ich war einfach sprachlos. Erstens war mein Mann gar nicht so, wie der

Anthroposoph vermutete. Und zweitens ist ein bisschen Verehrung doch wohl auch nicht schlecht!

Nachdem der Arzt ausgeredet hatte, herrschte erneut eine Zeit lang Stille im Raum. Diesmal schien mein Mann auch schockiert zu sein. Dann murmelte er in seinen Bart, „ wir werden uns all das zu Hause noch einmal durch den Kopf gehen lassen."

„ Hast du das Gefühl, ich würde dich zu madonnenhaft behandeln?", fragte er mich auf dem Heimweg. „Nein, im Gegenteil! Ich fühle mich gerne verehrt. Ändere deine Manieren bitte nicht. Auf einen Macho kann ich leichten Herzens verzichten." Er küsste mich liebevoll. Überhaupt war seine gedrückte Stimmung der letzten Wochen wie weggeblasen. An unserer Situation hatte sich zwar nichts geändert, aber dass er nun zu viel Spermien produzierte, schien ihm viel weniger auszumachen als die zu Wenigen zuvor. Verbaute ihm da seine männliche Eitelkeit den Zugang zur Logik?

Wir kauften uns keine Pornoheftchen und Sexfilme, denn davon bekommt man in unserem Fall auch keine Kinder.

Beim nächsten Termin in der Praxis hatte ich das Gefühl, dass sich die Arzthelferin vor mir versteckte.

Bei der ersten Gelegenheit sprach ich sie darauf an. „Also ehrlich gesagt, ich habe den Eindruck, dass Sie mir aus dem Weg gehen. Irgendwie ist heute etwas anders mit Ihnen als sonst. Hab' ich recht?" – „Was soll denn anders sein? Ich weiß gar nicht, was Sie haben. Wirklich nicht!" Sie vermied es, mir in die Augen zu schauen. Fahrig kramte sie einige Sachen zusammen.

„Bekommen Sie ein Baby?", hörte ich mich unvermittelt sagen.

„ Ja!", antwortete sie errötend. Sie klang erstaunt und fast ein wenig erschrocken. Dann ergänzte sie: „Ich weiß es selbst erst seit kurzem. Kaum zu glauben, dass Sie das gemerkt haben. Vor unserer Begegnung hatte ich richtig Angst, denn ich kenne doch Ihre Situation. Ich wünsche Ihnen von ganzem Herzen, dass es bei Ihnen auch bald so weit sein wird.

„Herzlichen Glückwunsch und alles Gute", sagte ich ehrlich, aber vielleicht ein bisschen mechanisch. Innerlich war ich erstarrt. Wie ein Blitz hatte es mich wieder einmal durchzuckt: Alle werden schwanger, warum nicht ich?

Doch wer verstand meine Traurigkeit schon? Niemand! Also zwang ich mich zum Lächeln und zeigte Freude.

Hat nicht die Arzthelferin durch ihr Verhalten gezeigt, dass Sie ahnt und nachfühlen kann, wie es in mir aussieht? Schon deshalb wäre es unfair, ihr Glück mit meinem Unglück zu trüben.

„Bis zur Geburt Ihres Kindes will ich auch schwanger sein. Wann ist es denn soweit?" – „ Ungefähr in sieben Monaten!" – Das war ein neues, konkretes Ziel für mich. Der Aufruf, zum Arzt zu kommen, beendete unser Gespräch. Auf dem Weg ins Sprechzimmer raunte mir mein Mann zu: „Du hättest sehen sollen, wie sich dein Gesicht verfärbte und deine Augen vor Neid funkelten." – „Sag' so was nie wieder", reagierte ich tiefbeleidigt, „ jetzt fängst sogar du schon mit diesen blöden Bemerkungen an. Das stimmt einfach nicht!" Ich hätte schreien mögen. Sogar mein eigener Mann! Aber jetzt bloß keine Tränen in der Arztpraxis.

„ Tut mir Leid, war doof von mir!", flüsterte er mir leise zu – na ja, ich machte kein Thema mehr daraus, aber die Enttäuschung saß doch!

An diesem Tag kam der Doktor mit dem Vorschlag, in den Bergen Urlaub zu machen. Denn mein ach so „einfühlsamer Göttergatte" konnte doch noch in den

Normbereich gebracht werden. Auf einer Hütte, allein mit meinem Mann, nur er und ich. Abschalten, entspannen, nicht an ein Kind denken! Der Vorschlag entsprach unseren Vorlieben für Urlaubsfahrten. Südtirol sollte das Land sein und der magische Ort, wo unerfüllte Wünsche und Träume in Erfüllung gehen.

Er 3

Schließlich folgten wir dem Vorschlag unseres „Gurus", wie ich Dr. Herr gerne nannte, und machten Urlaub in den Bergen. Sommerferien und zehn Tage „Hüttenzauber" auf einer ehemaligen Alm bei Meransen in Südtirol. Eine himmlische Gegend und wir als Liebespaar für uns alleine, abgeschieden von der Welt, ruhig und stressfrei, Natur pur und ohne Uhr: geradezu paradiesische Aussichten! Und genau so fing auch alles an. Doch bald schon stellte sich heraus, wir hatten völlig unterschiedliche Vorstellungen von diesem Urlaub. Ich wollte genießen – sie plante ein Kind! Ich streifte durch die Umgebung – sie machte Notizen über die Entwicklung ihrer Körpertemperatur. Am Abend des vierten Tages kam es zum Streit.

„Das nennst du abschalten? Den ganzen Tag schreibst du in deinen Unterlagen herum, zeichnest Kurven und misst deine Temperatur! Genau wie daheim! Dazu hätten wir nicht wegfahren brauchen!", empörte ich mich, als ich wieder einmal mit ihr hinaus in die Natur wollte, sie aber mit dem Hinweis ablehnte, dass sie noch eine ganze Menge aufzuschreiben habe. – „ Und du rennst wie ein Hochleistungssportler durch die Gegend. Und wenn's drauf ankommt, dann bist du nicht fit. So wie du dich verhältst, kann es dir nur egal sein, ob wir ein Kind

kriegen oder nicht. Ich sitz' den ganzen Tag hier allein herum und warte, bis du zurückkommst. Dazu hätten wir wirklich nicht wegfahren brauchen!", fauchte sie prompt zurück. – Gestikulierend ging ich auf sie zu:„ Jetzt sei bloß nicht ungerecht, ich bin immer in der Nähe, außer wenn ich im Dorf Besorgungen machen muss! Und gestern war ich den ganzen Tag hier!" – Die rechte Hand wie zum Dank hebend, verneigte sie sich höhnisch vor mir. „Oh, wie gnädig! Du hast doch nur gelesen oder Wanderkarten studiert. Das war irrsinnig unterhaltsam." Jetzt wiederholte sie die höhnische Geste. „ Ich danke dir!" –
Ich wurde laut: „Jetzt hör aber auf. Ich hab nach einfachen Wanderwegen gesucht, die auch für dich mit deiner Hüfte gut sind!" Und nach kurzer Pause fragte ich etwas ruhiger: „ Was sollen wir denn die ganze Zeit machen? Wir können doch nicht jeden Tag nur so herumsitzen. Hier gibt's nicht so viele Möglichkeiten. Wir sind schließlich auf einer Alm." Wortlos schauten wir uns an. „Man riecht's bei dir schon", sagte sie schließlich schelmisch die Nase rümpfend. Ich musste lachen: „ Mir wäre eine Dusche auch lieber als eine Quelle. Die Romantik hat ihren Preis, sie piekst auch nachts." Jetzt lachte auch sie. Später, mitten auf der Turteltaubenwolke, meinte sie plötzlich, dass der nächste Tag viel besser wäre. „Wir wollen doch ein Baby", hauchte sie mir ins Ohr. So kam es, dass wir wieder herabgestiegen sind von der Wolke. In diesem Augenblick freute ich mich nicht auf den nächsten Tag!
Ich konnte sie ja verstehen, denn ich dachte selbst immer wieder daran, dass es diesmal klappen musste. Wir hatten die denkbar besten Voraussetzungen dafür geschaffen. Waren es wirklich die besten Voraussetzungen? Bestimmt nicht! In unserer Bergeinsamkeit gab es kaum Möglich-

keiten zur Ablenkung und zur Zerstreuung. Ingrids Hüftleiden schränkte zudem noch ihren Bewegungsradius ein. So gelang es ihr nicht, den Kopf frei zu bekommen. Sie war stattdessen erfüllt von dem Gedanken an ein Kind! Dieses Ziel verfolgte sie mit einer Verbissenheit, die schon in Panik überging. Die Gelassenheit und Gelöstheit, die uns empfohlen wurde, erwies sich als illusionäre Utopie - als in unserer Situation schlicht unerreichbar.

Zum ersten Mal erlebte ich die Liebe strikt nach Plan, was mich belastete, wenn ich auch meine Scherze darüber machte: „Die rechte Leistung zur rechten Zeit! Zu Befehl!"

In der Hütte bekam ich auch zum ersten Mal das mulmige Gefühl, dass wir uns mit dem verbissenen Kinderwunsch am Ende selbst schaden könnten. Ohne davon mit ihr zu reden wurde ich allmählich nachdenklich darüber, was wir da eigentlich machen und worauf wir uns einlassen.

„Ist es das wirklich, was ich will?" Hatten wir uns nicht jetzt schon Wunden zugefügt, nur weil uns Misserfolge und immer stärkerer Erfolgsdruck aggressiv machten? Was würde passieren, wenn wir noch Jahre lang mit dem Problem konfrontiert wären? Ist die Behandlung mit Medikamenten wirklich so problemlos, wie uns immer beteuert wird. Manchmal wurden wir von Freunden danach gefragt und wir beruhigten sie im Brustton der eigenen Überzeugung. Jetzt begann ich mich das selbst zu fragen. Langzeitstudien waren uns nicht bekannt. Sie konnte es eigentlich auch noch gar nicht geben, weil die medizinischen Möglichkeiten gerade erst entwickelt gewesen waren. Beeinträchtigt unser immer mehr auf eine einzige Funktion hin ausgerichtetes Liebesleben am Ende das Zusammenleben? Kann es nicht sogar unsere Beziehung zerstören? Es war mir klar, dass ich auf Dauer nicht wie eine Maschine funktionieren würde. War da nicht schon der nächste Ärger vorprogrammiert? Lauter Fragen, die mich zu quälen begannen, weil ich keine mich überzeugende Antwort wusste. Und ich fürchtete, dass Ingrid diese Gedanken als „Verrat an unserer Sache" betrachten würde. Deshalb schwieg ich.

Nein, ein Vergnügen war es nicht. Bald kam noch das hinzu, was man Lagerkoller zu nennen pflegt. Die Ruhe und die Abgeschiedenheit waren erholsam - für zwei Tage, dann wurde es stressig. Auch wenn ich es gerne anders gesehen hätte, wir hatten ein genaues Ziel vor Augen: wir wollten endlich Eltern werden und waren nicht etwa zu unserem reinen Vergnügen zusammen allein. Das war nicht lange vergnüglich! Missverständnis reihte sich an Missverständnis. Es herrschte bald eine nervöse, gereizte und zu gegenseitigen Aggressionen neigende Grundstimmung zwischen uns beiden. So wollte ich beispielsweise eines Morgens zur nächsten bewirtschafteten Alm, um frische Milch zu besorgen. „Ich weiß, du willst bloß ohne mich sein," warf sie mir daraufhin vor. „Vor ein paar Minuten hast du dir doch frische Milch gewünscht", blaffte ich zurück. - „Aber doch nicht, damit du einfach abhauen kannst!" – „Was für eine idiotische Einbildung von dir! Dann gehen wir eben beide oder ich bleibe hier und du gehst", meinte ich nicht sonderlich freundlich, aber sicherlich nicht mit dem von ihr herausgehörten Triumph in der Stimme. - „Du weißt ganz genau, dass ich das nicht kann. Und du bist so gemein und schäbig, meine kranke Hüfte ins Spiel zu bringen, nur um mit deiner Überlegenheit zu protzen! Mit dir rede ich doch gar nicht mehr", steigerte sie sich in Rage. – „Das ist auch besser so, dann kannst du wenigstens kein dummes Zeug mehr daherreden!",

konterte ich tief beleidigt. So saßen wir öfters im Schmollwinkel und es fiel uns schwer, da wieder herauszufinden. Sogar wenn wir uns unsere Zuneigung zeigen wollten, entwickelten wir nicht immer das nötige Feingefühl füreinander! Zugegeben, das galt zumindest für mich. Am Schluss blieben nur die Enttäuschung und das Unverständnis füreinander: Um Ingrid ein wenig abzulenken und auch um mir selbst einen Wunsch zu erfüllen, habe ich tagelang nach attraktiven und trotzdem leichten Wanderwegen Ausschau gehalten, die wir gemeinsam begehen konnten. Endlich glaubte ich etwas gefunden zu haben: „Ich habe in der Karte einen Wanderweg auf die Seefeldspitze entdeckt. Der scheint gar nicht so anstrengend zu sein und doch führt er auf über 2 500 m hoch. Außerdem sind dort gleich mehrere Seen. Wäre das nicht eine tolle Wanderung für uns beide. Die Wetterlage ist stabil, hieß es gerade in der Vorhersage. Es bleibt sonnig und wird warm. Wir könnten also ganz gemütlich gehen und Pausen machen, wann immer wir wollen." – „ Du weißt doch, dass lange Wege Gift für mich sind. Ich schaff' das doch nicht und dann ist es für uns beide überhaupt kein Vergnügen mehr. Geh du nur alleine und nimm unseren neuen Photo mit. Dann kannst du ja unterwegs einige Bilder machen, damit ich später auch etwas davon habe. Ich schreib' hier in der Zwischenzeit ein paar Briefe und vertreib' mir die Zeit mit ein bisschen lesen."
Ich hätte sie zwar lieber mit mir gehabt, aber es war natürlich nicht unvernünftig von ihr gedacht. Ich freute mich sehr darüber, dass sie nichts dagegen hatte, wenn ich alleine gehe. Denn ich wollte doch wenigstens einmal eine etwas größere Wanderung unternehmen und nicht immer nur auf Rufweite mit dem Photoapparat um die Hütte streifen oder in der Sonne liegen und lesen. Erleichtert

war ich auch über die entspannte Atmosphäre, die an diesem Morgen zwischen uns herrschte. So machte ich mich in bester Stimmung auf den Weg.

Herrliches Wetter – grandiose Bergwelt! Die Wanderung war ein einziger Genuss! Am Gipfelkreuz machte ich es mir bequem und verzehrte meinen Proviant. Die Natur um mich her war einfach atemberaubend. Und kaum, dass ich einmal gestört wurde. Ich saß da in der kühlen und klaren Bergluft, blickte hinüber auf die majestätische Gletscherwelt des Alpenhauptkamms und ließ mich genüsslich von den Sonnenstrahlen wärmen. Drehte ich mich nach Süden hin, dann hatte ich die unvergleichliche Kulisse der Dolomiten vor Augen. Überall nur Wunder der Natur, so weit der Blick reichte und wohin er auch traf. Ab und zu gellte mitten in die Stille der Pfiff eines Murmeltiers. Und die Dohlen, die um mich herum segelten und sichtlich mit den Aufwinden spielten, krähten vor Vergnügen. Selbst der Wind war gut gelaunt und säuselte freundlich um das Gipfelkreuz. Wie gerne hätte ich diese Herrlichkeit mit Ingrid geteilt. Sie wäre auch begeistert gewesen!

Was sie wohl gerade machte? Wahrscheinlich war ihr langweilig.

„Zu blöd, ich sitze hier, genieße die Welt und sie hängt in der alten Holzhütte herum und macht sich Sorgen."

Wieder kam mir unsere Situation in den Sinn, die Selbstzweifel, ob das alles richtig war, was wir da taten. Sie war derart vom Gedanken an ein Kind erfüllt, dass sie solche Zweifel, wie ich sie hatte, wahrscheinlich nicht kannte. Eigentlich hätte ich meine Bedenken nicht für mich behalten dürfen, denn nichts halte ich in einer Zweierbeziehung für gefährlicher als nicht rückhaltlos offen miteinander umzugehen.

Aber gibt es nicht auch ein fürsorgliches Schweigen? Wenn man einen Menschen nicht mit einer Sache belasten will, weil man darauf hofft, dass sich die Sache gewissermaßen von selbst regeln wird und weil man weiß, dass der Andere an dem Gesagten leiden wird?
Ingrid war bereits derart mit unserem Problem belastet, dass sie es unweigerlich für einen Mangel an Solidarität, vielleicht sogar für einen Mangel an Liebe genommen hätte, wenn ich ihr mitgeteilt hätte, dass ich Bedenken bekommen habe, diesen Weg zu einem Kind zu gehen. Ich hätte sie ganz sicher mit meiner Meinung getroffen und verletzt. Und sie hätte mich wahrscheinlich missverstanden. So beschloss ich lieber weiterhin zu schweigen. Meine Überlegungen waren mir zu diesem Zeitpunkt noch nicht wichtig genug, um darüber zu reden. Und ich schwieg auch aus Rücksichtnahme.
Mit dem Kopf voll von diesen Gedanken machte ich mich auf den Rückweg. Doch nicht lange, denn bald machte mich die Landschaft wieder naturtrunken.
Naturverzaubert kam ich einige Stunden später bei Ingrid an und wollte sie an meinen Erlebnissen teilhaben lassen. Doch sie reagierte launisch und gereizt und zeigte nicht das geringste Interesse an meiner Wanderung. Vermutlich hat sie sich über die Wartezeit geärgert. Aber schließlich wollte sie es doch selbst so haben! Ich verstand nicht. Ihr Verhalten blieb mir fremd. Der Abend verging wortkarg. Ich studierte nochmals auf der Karte meinen Weg und las ein wenig. Sie vergrub sich wie immer in ihre Notizen. Was sie da genau machte, wusste ich nicht und ich fragte auch nicht danach. Dann ein kühles „Gute Nacht! – Schlaf gut!" Das war der Tag.
Am nächsten Morgen war das Wetter schön. Ich machte keinen Vorschlag für den Tag mehr. Beide blickten wir

missmutig auf die grandiose Bergwelt. Uns war klar, dass unsere Aktion „Hüttenzauber" gründlich daneben gegangen war.
Wir brachen den Urlaub ab, vielleicht ja als Mama und Papa, dann wäre wenigstens unser sehnlichstes Ziel erreicht!
Damit fand auch die Zeit mit Dr. Herr ihren Abschluss. Denn ich war schließlich für Vaterfreuden fit gemacht, wenigstens was die Anzahl und die Qualität der Spermien angeht. Und sollte es dennoch nicht klappen, dann musste jetzt Ingrid genauestens untersucht werden. Für diesen Fall entschieden wir uns für eine Klinik in unserer Heimatstadt. Inzwischen schrieben wir das Jahr 1978.

Sie 4

Die Hütte und alles um uns herum stimulierte total – nur nicht für lange. Der Gedanke, hier müsse es nun aber klappen, machte uns beide zunehmend nervös und unzufrieden. Schon daheim hatte ich damit begonnen, jeden Morgen meine Körpertemperatur zu kontrollieren. Der Kalender, besonders die Entwicklung meines Zyklus und die mögliche Ovulation bestimmten nicht nur unsere Gedanken und Gespräche, sondern auch unser Liebesleben. Die vorausgehende Enthaltsamkeit des Mannes erhöhe die Wahrscheinlichkeit einer Schwangerschaft, wenn der richtige Zeitpunkt gekommen ist. So hatte man uns mitgeteilt. Das müsste doch zu schaffen sein! Doch er machte sich nur lustig: Die rechte Leistung zur rechten Zeit! – Zu Befehl! –
Allmählich wurde aber auch er etwas ernster. „ Was tust du mir da eigentlich an?" Dieser Satz war zwar lachend dahergesagt und sollte sicher scherzhaft klingen, doch er

schockierte mich insgeheim und ließ mich nicht mehr los: Was tust du mir da an? - Tu' ich ihm denn etwas an? Will er denn nicht auch ein Kind? Nicht ich oder er, WIR wollen ein KIND! Vielleicht tun wir uns dadurch gegenseitig etwas an? Ja, es stimmt schon, was er mir sagt. Wir haben jetzt Leistungsdruck in der Sexualität! Das Liebesleben wird bestimmt durch Planung, nicht durch Lust. Es herrscht Anspannung statt Entspannung! Und wie soll man bitteschön bewusst und gezielt an etwas NICHT denken? Noch dazu, wenn genau das, an was man NICHT denken soll, der Grund des Urlaubs ist? Mir ging den ganzen Tag nichts anderes im Kopf herum! Nicht, dass wir uns ständig auf die Nerven gegangen wären, aber wir pflegten eine gewisse aggressive Grundstimmung gegeneinander, stets bereit, den anderen misszuverstehen und ihm vorzuwerfen, nicht ernsthaft genug bei der "Sache" zu sein oder vielleicht gar heimlich überhaupt keinen Kinderwunsch zu haben.

„Ich habe in der Karte einen Wanderweg auf die Seefeldspitze entdeckt. Der scheint gar nicht so anstrengend zu sein und doch führt er auf über 2 500 m hoch.. Wäre das nicht eine tolle Wanderung für uns beide?", strahlte mich mein „Göttergatte" frühmorgens beim Frühstück an. „Du weißt doch, dass lange Wege zu anstrengend für mich sind. Geh' du nur alleine und nimm unseren neuen Photo mit. Dann kannst du ja unterwegs einige Bilder machen. Ich schreib' hier in der Zwischenzeit ein paar Briefe und vertreib' mir die Zeit mit ein bisschen lesen." So hörte ich mich antworten, doch ich dachte, bitte sag' mir jetzt, ohne dich gehe ich nicht. Ich bleibe bei dir und wir unternehmen etwas, was wir beide tun können. Aber er packte die Kamera und andere Utensilien zusammen.

Merkst du denn nicht, wie traurig ich bin? Mit dir will ich sein und nicht allein hier sitzen und auf dich warten müssen. Mit dir will ich über unser Problem reden und es lösen und nicht allein meinen Gedanken nachhängen. Mit dir will ich mich austauschen, mit dir diskutieren und nicht allein vor der Hütte sitzen und schweigen, bis du zurück bist. Verdammt noch mal, ich will mit dir sein!!!
Er merkte nichts. Er ging. Gut gelaunt! Er ließ mich zurück!
Stunden später kam er wieder. Gut gelaunt und müde. Ich erfuhr, dass es toll gewesen ist und dass er viele Bilder für mich geschossen hat. Dass ich gereizt war, merkte er. Nach dem Grund fragte er nicht.
Am nächsten Morgen war das Wetter wieder schön. Doch keiner machte einen Vorschlag für den Tag. Vorzeitig fuhren wir nach Hause. Versuch abgebrochen und wenig später wussten wir auch: Versuch gescheitert!
Als die Wunden geheilt waren und die eheliche Harmonie sich soweit wieder eingestellt hatte, kamen wir überein, unseren nächsten Versuch, mit fachmännischer Hilfe eine komplette Familie zu werden, sozusagen vor der Haustüre zu unternehmen. Jetzt musste ich auf den Prüfstand, ob ich Kinder kriegen konnte. Die neue Hoffnung: Dr. Wendlich, Arzt für Gynäkologie an einer Bad Mergentheimer Klinik.
 Nachdem ich einen Termin bei ihm hatte, blieb die für jede Frau unangenehme Untersuchung nicht aus. Sie ergab keinen besonderen Befund, und so vereinbarten wir einen Zyklus lang jeden Morgen um 7.00 Uhr die Temperatur zu messen. Damit wollte er feststellen, ob sich bei mir der Eisprung anhand der Kurve zeigte. Aus „einem Zyklus lang" sollte bald eine Dauereinrichtung werden. Denn anhand der Fieberkurve war einmal ein Zyklus fest-

zustellen, dann aber wieder nicht. Außerdem sollte mit der Kurve der für eine Empfängnis günstigste Tag „getroffen" werden

Er 4

Ingrid bat mich, in die Mergentheimer Klinik mitzugehen, da sie befürchtete, vor Aufregung alles wieder zu vergessen, was gesagt wurde. So saßen wir ziemlich wortkarg an der Wand in einem Zimmer, das recht befremdlich auf mich wirkte und warteten auf unseren neuen Hoffnungsträger. Das dominierende Möbelstück war ein auffällig großer, dunkler Stuhl mit länglichen Stützen vorne zu beiden Seiten. Mehrere Hebel und ein Druckknopf am Boden zeigten an, dass das Ungetüm mehrfach verstellbar ist. Die Rückenlehne war ganz ungewöhnlich hoch. Ein Bedienungsapparat, dem Anschein nach mit dem Stuhl verbunden, hing von der Decke herab.
Das musste der Folterstuhl sein, von dem mir Ingrid schon öfter berichtet hat.
Zur Strafe und zur Demütigung aller Frauen erfunden, hat sie mir einmal versichert. Sei froh, dass dir das als Mann alles erspart bleibt. Ich muss sagen, nach all den Erzählungen war ich wirklich froh.
Allerlei Gedanken über konfessionell geleitete Kliniken, über die Kirche und über Tendenzbetriebe kamen mir in den Sinn. Der Zweifel daran, ob wir den richtigen Schritt getan haben, stieg nämlich allmählich in mir auf. Denn als Stadtrat stand ich in unserer Stadt im Ruf eines fortschrittlich Denkenden. Das hatte sich sicherlich auch hier im Haus herumgesprochen, wo ich die Menschen in Führungspositionen für erzkonservativ hielt. Und schließlich stimmte auch die Konfession nicht überein. Darüber

hinaus nahmen wir es mit dem Besuch des Gottesdienstes auch nicht so genau. Einmal hatte ich sogar gegen die Entlassung einer Krankenschwester, die nach ihrer Scheidung wieder geheiratet hatte, öffentlich Stellung bezogen. Vielleicht wird man uns aus diesen Gründen hier gar nicht helfen. Vielleicht schickt man uns gleich wieder nach Hause. Ich machte mich auf kühle Distanz und auf moralisierende Belehrungen gefasst.

Draußen schien die Sonne, aber sie schaffte es nicht bis ins Zimmer. Wir blieben im Schatten. Wäre es nicht das beste, alles abzubrechen?

Endlich wurde die Tür geöffnet. Herein trat ein Mann in Weiß, schmächtig, klein, dunkelhaarig, mit großen dunklen Augen. Bedächtig ging er auf uns zu und gab uns, inzwischen aufgestanden, freundlich lächelnd mit geradezu strahlendem Gesichtsausdruck die Hand: „Wendlich"! Was für ein Blick! Ich stellte mich ebenfalls so freundlich wie möglich vor. Sein Blick in meine Augen wollte und wollte nicht enden. Soeben begann ich mich unbehaglich zu fühlen, da entließ er mich schließlich doch noch aus seinem Augengriff.

Das geht ja gut los! Jetzt wird er gleich fragen: Sind Sie der Stadtrat? –

Er sagte: „Ich habe schon von Ihnen gehört und gelesen, wenn Sie der sind, für den ich Sie halte." – Na also, zur Sache ohne Umschweife: „Ich fürchte, ich bin's!" –

„Sie fürchten? Ich meine, die Stadt braucht engagierte junge Bürger." Dazu wieder dieser unvergleichliche Blick. Was war denn das jetzt? Will er mich vielleicht nur einlullen, damit er mich anschließend ungeschützt treffen kann? Vorsicht blieb angesagt. Auch wenn wir Freundlichkeiten austauschten: „Da haben wir ganz ähnliche Ansichten, zumindest in diesem Punkt!" – So zog sich das

Gespräch einige Minuten hin. Ingrid wurde schließlich merklich unruhig.

Wir waren ja auch wirklich ihretwegen hier und nicht , um Meinungen auszutauschen!

Meine Vorsicht erwies sich übrigens als gänzlich unbegründet. Und am Ende stand ich ganz schön lächerlich da mit meinen Überlegungen und Befürchtungen während der Wartezeit. Tröstlich war nur, dass dies außer mir niemand wusste.

Um meine Frau ging es später doch noch. Der Folterstuhl blieb ihr nicht erspart.

Als Ehemann durfte ich der Untersuchung beiwohnen. Ingrid tat mir leid. Irgendetwas musste ich tun, um ihr das zu zeigen. So ergriff ich ihre Hand und streichelte sie. Auf dem Stuhl wirkte sie hilflos ausgeliefert. Sie sagte kein einziges Wort, schaute nur stumm. „Die Würde des Menschen ist unantastbar." Artikel eins Grundgesetz. Warum fiel er mir gerade jetzt ein? Meine Lage bei der Untersuchung der Prostata, rektal, Rumpf nach vorn gebeugt, kam mir ebenfalls in den Sinn. Und da war sogar noch eine junge Dame dabei, die ich nicht kannte.

Was tut man nicht alles für ein Baby!

Der Termin bei Dr. Wendlich markierte so ziemlich das Ende unseres normalen Ehelebens. Ab sofort regierte bei uns die Diktatur der Temperatur mit unerbittlicher Konsequenz. Der verkorkste Hüttenzauber in Südtirol war ein liebliches Vorspiel gegen das, was nun über uns hereinbrechen sollte. Die weibliche Fieberkurve wurde zum Barometer der Lust. Monat für Monat! Zyklus für Zyklus! Tage der Enthaltsamkeit folgten Stunden hektischer Betriebsamkeit. Dann wieder der Rückfall in die Enthaltsamkeit.

Eine Art Zucht-Dasein!

Monat für Monat – Zyklus für Zyklus! Die vollautomatische Ehe mit dem Sexleben auf Knopfdruck. Ich erlebte die Verwandlung der Lust in Last. Es musste der Tag kommen, an dem dies nicht mehr funktionierte, an dem mein Körper der Diktatur der Temperatur den Streik der Spermien entgegensetzte. Wir gewöhnten uns an, über unsere Lage in Metaphern und Wortspielen zu reden, um die Trostlosigkeit der Situation in etwas freundlicheres Licht zu tauchen, um die Last etwas leichter zu machen, um der deprimierenden Wirklichkeit ein kleines Lächeln abtrotzen zu können! Ein Überlebenslächeln!
Möglich, dass es deshalb länger dauerte, bis der Tag kam, an dem mein Körper streikte.
Aber er kam!
Zum meinem Entsetzen und wohl mehr noch zum Entsetzen meiner Frau .
Nichts wollte mehr gehen. Klar, dass meine Psyche nicht mehr mitspielen wollte und kein unmittelbar körperlicher Defekt das Unvermögen hervorgerufen hatte.
Dennoch fühlte ich mich tief getroffen, verunsichert und verletzt. Meine Verzweiflung versuchte ich, so gut es ging, zu überspielen.
Für den, der liebt, ist es sicherlich unerträglich, wenn man das, was sich die geliebte Person am sehnlichsten wünscht, nicht erfüllen kann. Mir ging es jedenfalls so. Längst hatte ich ihren Wunsch vollständig auch zu meinem Wunsch gemacht. Und nun das!
Die denkbar größte Katastrophe war geschehen. Die Geschichte hatte die schlimmstmögliche Wendung genommen, der Supergau war eingetreten.
Nun galt es, möglichst schnell da wieder herauszukommen. Aber wie?

Der Streik der Spermien dauerte so lange, bis die Diktatur der Fieberkurve gelockert wurde. Dann stellte sich mit medizinischer Unterstützung - Gott sei Dank- die Normalität wieder ein, wenn in unserer Lage überhaupt noch von „normal" die Rede sein konnte.
Trotz der neuen „Normalität" blieb das Eheleben eher lustlos. Hinzu kam bei mir nun, dass ich ständig Versagensängste zu überwinden hatte. Und was zunehmend deprimierend wirkte, alles blieb umsonst! Wurde meiner Frau einmal schlecht, fingen wir sofort an zu hoffen. Musste sie sich gar übergeben, dann fingen unsere Seelen an zu tanzen und wir strahlten uns an. Kam noch ungewöhnlicher Appetit hinzu, dann ertappte ich mich schon einmal bei der heimlichen Überlegung, wie „es" denn heißen könnte.
Die Spannung stieg ins Unermessliche, wenn der Zyklus abgelaufen war und sich keine Blutung einstellte. Es kam nun öfters vor, dass uns die Natur mehr als eine Woche lang narrte. Jedes Mal stieg die Hoffnung. Und jedes Mal folgte der Absturz. Tagelang beherrschten uns dann unsere drei großen T: Trauer, Tränen, Tröstung! Monat für Monat. Und es wurde immer schwerer zu trösten. Das war meine Aufgabe, wenn ich auch allmählich selbst Trost brauchte.
Es war gar nicht so einfach für mich, immer rechtzeitig zur Stelle zu sein, war ich doch inzwischen Studienreferendar, zunächst im 80 km fernen Ansbach, später im 50 km nahen Rothenburg ob der Tauber. Es kam vor, dass mich meine Frau zu sich gebeten hat, aus Ansbach oder Rothenburg oder auch aus einer Gemeinderatssitzung, weil ihre Fieberkurve es so wollte. Ausgerechnet mitten in eine Diskussion über die Erhöhung von Bestattungsgebühren wurde ich ans Telefon gerufen.

Es war meine Frau. Sie hauchte mir ihr Anliegen ins Ohr. Ihr Wunsch war mir natürlich wesentlich angenehmer, als über Friedhofsgebühren nachzudenken. Schnell waren meine Sachen zusammengepackt, nun musste noch eine Erklärung für mein Gehen gefunden werden: „Ich werde dringend zu Hause gebraucht!" Übrigens: Das Thema des nächsten Tagesordnungspunktes lautete – Vatertierhaltung! Klar, dass ich ihr diesen „Wink des Schicksals" daheim gleich erzählte. Schon lange haben wir nicht mehr so herzhaft miteinander gelacht und zusammen Spaß gehabt wie an jenem Abend.

Doch wir blieben erfolglos – nicht nur an diesem Abend! Das blieb bei mir nicht ohne Spuren in meinem Verhalten: Schon der Anblick einer schwangeren Frau machte mich zunehmend gereizt und ich reagierte in ihrer Umgebung schnell aggressiv. Ich wollte nichts mehr sehen und hören von Babys. Um Geschäfte mit Kindersachen oder Spielzeug machte ich einen Bogen. Jede Karte, die die Ankunft eines neuen Erdenbürgers mitteilte, ließ ich sofort im Altpapier verschwinden. Wollte uns der Schreiber etwa ärgern?

Sie 5

Die Tage vor dem vermeintlich treffsichersten Tag sollten enthaltsam zugebracht werden, damit die Qualität des Sperma möglichst optimal ist.

Sich jeden Morgen messen war schon eine Tortour, doch danach sein Liebesleben einzurichten, kann nur als unmenschlich bezeichnet werden! Geht die Temperatur nach unten, sollte man seinen ehelichen Pflichten nachkommen.

Dabei konnte es im wahrsten Sinne des Wortes um Stunden gehen. Disziplin paarte sich mit Pünktlichkeit. Da war es für uns sehr schwierig, das Zusammensein zu genießen, wie die anderen Paare. Ich glaube, ich verlangte von meinem Mann fast Unmögliches.

Ein Erlebnis prägte sich mir besonders tief ins Gedächtnis: Seit Jahren ist er nunmehr im Stadtrat. Und tatsächlich sah ich mich eines Tages gezwungen, ihn mitten aus einer Sitzung rufen zu lassen. Ich hatte große Angst, er könnte zu spät nach Hause kommen und die Phase der „sicheren" Empfängnis wäre dann ungenutzt verstrichen.

Doch alle Disziplin und Anstrengung sollte bei uns einfach nichts fruchten! Der Erfolg wollte sich nicht einstellen. Ich sollte und sollte einfach nicht schwanger werden. Guter Rat war teuer. Bald saßen wir wieder beim Fachmann. Lange Gespräche über mögliche Ursachen und Auswege folgten. Lebten wir vielleicht zu hektisch? Hatten wir zu viel Stress? Oder war das Rauchen schuld? Körperlich gesehen schien jedenfalls weder bei meinem Mann noch bei mir ein Defekt vorhanden zu sein, der den Kinderwunsch grundsätzlich unerfüllbar erscheinen ließ. Dies ergaben eingehende Untersuchungen bei beiden von uns. Eine eindeutige Ursache unserer Kinderlosigkeit konnte damals nicht ermittelt werden. „Ungeklärte Infertilität", sagten die Fachleute dazu. Im Fachmedizinischen klingt dies ungefähr so:„ Mutmaßliche Sterilitätsursache sind monophasische Zyklen bei sonst normalem gynäkologischen Befund. Nach entsprechender ovulations-induzierender Behandlung jedoch waren jetzt eindeutig über die vorliegenden Basaltemperaturen nachgewiesene Ovulationen erfolgt. Auch die hormonale Wirkung in der zweiten Zyklushälfte scheint regelrecht zu sein. Dennoch kam es nicht zum Eintritt in die gewünschte Gravidität." Dr. Wendlich zog in Erwägung, dass unsere Körpersekrete aggressiv aufeinander reagierten. Trotz uneindeutiger Testergebnisse, wie z. B. einem Fruktosetest, schlug er vor zu inseminieren. Um eventuelle chemische Unverträglichkeiten zu überbrücken, die die Spermien unbeweglich machen oder gar abtöten könnten, brachte er eine Variante der Insemination ins Spiel, wobei sozusagen auf der Gebärmutter angedockt wurde, um das Sperma möglichst unmittelbar zur Eizelle zu bringen. Sem'sche Kappe heißt das dazu benötigte Instrument für Frauen, das über Nacht „aufgesetzt" bleiben musste.

Neue Hoffnung, neue Träume. Bin ich jetzt schwanger? Wie wird mein Kind aussehen? Keine Frage, ein Mädchen sollte es werden. Wo gibt es die größte Auswahl an Kinderwagen? In den Auslagen nur noch der Blick für Kinderkleidung und Mode für werdende Mütter.

Zwei Wochen später: Weltuntergangsstimmung! Die niederschmetternde Erkenntnis: alles war umsonst. Die Regelblutung hatte eingesetzt. Ich war am Boden zerstört und den ganzen Tag in Tränen aufgelöst. Warum klappt es bloß nicht? Warum klappt es bei den anderen so gut? Frauen, die gar keine Kinder haben wollen, werden schwanger – und ich ? Was habe ich getan, dass ich so bestraft werde?

Nur allmählich gelang es meinem Mann, mich aus dem Stimmungstief wieder herauszuholen. Wir gingen gut essen. Wir beschlossen, nicht aufzugeben. Wir saßen wieder bei Dr. Wendlich.

Ein neuer Gedanke quälte mich. Als medizinische Laborantin, die auch mit Röntgen-Untersuchungen beschäftigt war, wusste ich um die Auswirkungen der

Röntgenstrahlen. Und meine Gedanken schweiften zurück ins Kindheitsalter.

Mit elf Jahren hatte sich mein Leben mit einem Schlag verändert. Ich stürzte bei einer Wanderung im Wald auf einen Felsen und konnte nur mit fremder Hilfe nach Hause gebracht werden. Das Dilemma begann ein Jahr später, nachdem ich nur unter Schmerzen gehen konnte. Anhand einer Röntgenaufnahme stellten Ärzte fest, dass ich wegen meiner linken Hüfte fast vollständig in Gips zu verbannen sei. Die Diagnose war Coxitis und mein Leichtsinn, nicht gleich den Arzt aufgesucht zu haben, wurde bitter bestraft: Mein linker Hüftknochen hatte sich vollständig abgebaut. Das bedeutete fast fünf Jahre Aufenthalt im Krankenhaus. Im Gips, der vierteljährig gewechselt werden musste. Mit häufigen Röntgenaufnahmen im Hüftbereich. Und das ohne schützende Abdeckung! Noch heute schränkt „die kranke Hüfte" meine Bewegungsfreiheit ein.

Also nochmals: Jede Menge Röntgenaufnahmen wurden ausgerechnet im sensiblen Bereich unterhalb des Bauchnabels gemacht! Je länger ich darüber nachdachte, desto genauer konnte ich mich wieder daran erinnern. Und alles geschah hier, wo ich jetzt wieder in Behandlung bin.

Bisher hatte ich zwischen diesen „Kindheitserlebnissen" und der jetzigen Situation keinen Zusammenhang gesehen, weil die Behandlung damals meinen Eltern gegenüber als unbedenklich bezeichnet wurde. Doch nun beherrschte mich ein Gedanke immer stärker: Haben die Aufnahmen damals vielleicht doch etwas mit dem unerfüllten Kinderwunsch von heute zu tun? Ich musste unbedingt mit dem Gynäkologen über diese Befürchtungen sprechen. Es musste für ihn doch auch ein leichtes sein, an meine alten Unterlagen heranzukommen. Meine

Eltern hatten zwar damals nichts in die Hände bekommen, aber hier in der Klinik ist doch sicherlich alles aufbewahrt worden.

Dr. Wendlich hörte interessiert zu, als ich ihm meine Geschichte erzählte und aus dem Bleiklotz in mir wurde ein Luftballon – er beruhigte mich wieder.

Er bedankte sich für meine Hinweise und meinte, der Sache müsse nachgegangen werden, er könne sich aber nicht vorstellen, dass unser heutiges Problem in einem Zusammenhang gesehen werden könne, mit der damaligen Behandlung. In seinem Bericht an meinen Hausarzt schreibt er:" Bei der Patientin selbst waren im Alter von 11-17 Jahren wegen fünfjähriger Hüftgelenksbehandlungen beiderseits häufige Röntgenuntersuchungen vorgenommen worden. Ich werde versuchen, noch die dabei erzielten Dosen zu erfragen, glaube aber nicht, dass diese Röntgenuntersuchungen für die jetzige Sterilität verantwortlich zu machen sind." (24.5.1978).

Nach weiteren erfolglosen Inseminationen mit den typischen seelischen Berg- und Talfahrten zwischen Hoffen und Bangen traf uns dann Dr. Wendlich ziemlich genau ein Jahr später mit einer Neuigkeit wie mit einer Keule:

Die seinerzeit errechnete mutmaßliche Herddosis der zahlreichen Röntgenaufnahmen ergab wenigstens 20, maximal 40R im Bereich der Ovarien, so dass die Sterilität wohl auch durch diese Röntgenbelastung mitbedingt sein kann. Diese Röntgenbelastung lag mindestens um das Vierfache über jener Dosis, die als unbedenklich angesehen wurde. Meine Befürchtung war also doch realistisch. Womöglich bekomme ich kein Baby, weil ich als Kind zu oft geröntgt worden bin. Was nun?

Um eine genauere Aussage machen zu können über die ovarielle Funktion wird zu einer diagnostischen Pelveskopie mit Biopsie und histologischer Diagnostik geraten. Zu gut Deutsch: Ich musste eine Gewebeuntersuchung an meinen Eierstöcken über mich ergehen lassen. Dabei wurde gleichzeitig die Durchlässigkeit der Tuben, also der Eileiter, überprüft. Die Durchgängigkeit erwies sich in beiden Fällen als einwandfrei.
Dann aber schien das Ende des Wunschtraumes gekommen:
Der Befund war schlichtweg niederschmetternd. Das Gewebe schien hochgradig in Mitleidenschaft gezogen. Eine Strahlenschädigung wird für möglich gehalten.
Die Gefahr einer Fehlbildung bei einem Kind erschien als außerordentlich erhöht.
Der Rat unseres Gynäkologen: „Aufgrund des histologischen Befundes im Zusammenhang mit der Röntgenanamnese rate ich von weiteren Maßnahmen, die den Eintritt einer Gravidität begünstigen können, ab, da die nachfolgende Fehlbildung eines Kindes infolge einer genetischen Schädigung des Keim – Epithels eher wahrscheinlich, als unwahrscheinlich erscheint. Als Alternative rate ich zu einer Adoption."
Irgendwie musste ich im Beisein meines Mannes nach Hause gekommen sein, aber wie ist mir bis heute unklar.
In meinem Kopf hämmerte es nur ... rate ich von einer Schwangerschaft ab ... rate ich zu einer Adoption ... ich rate ab ... ich rate ab. Meine Welt bestand nur noch aus dem Ratschlag unseres Gynäkologen, weiteres war ich für den Augenblick nicht imstande wahrzunehmen. In mir war Leere, Funkstille, Alleinsein.

Rein gefühlsmäßig war ich gegen eine Adoption. Ich wollte nicht so sehr irgend ein Kind haben, ich wollte vielmehr ein Kind von mir und meinem Mann haben.
In der Familie gab es heiße Diskussionen über das Für und Wider einer Adoption. Mein Mann war dafür!
Ich selbst wusste natürlich auch, dass es für die Entwicklung eines Kindes wichtig ist, in einer Familie aufzuwachsen. Mein Mann trug Fälle glücklicher Adoptivfamilien zusammen, darunter sogar Beispiele, bei denen sich nach der Adoption unverhofft und gegen jede Fachmeinung plötzlich eigener Kindersegen einstellte. Richtig ist auch, dass die Entwicklung eines eigenen Kindes genauso Problem beladen sein kann, wie die eines adoptierten. Ich hörte aber auch von Beispielen, die mich sehr nachdenklich stimmten. Im Familien- und Freundeskreis überwogen die skeptischen Stimmen. Außerdem erfuhren wir, dass es in Deutschland gar nicht so einfach ist, ein Kind zu adoptieren.
Wie auf nahezu allen Gebieten, gibt es natürlich auch für die Annahme eines Kindes besondere Richtlinien. Um ein Baby adoptieren zu können muss man einerseits über gesicherte Familienverhältnisse verfügen, ähnlich wie Vierzigjährige. Man durfte andererseits aber damals kaum älter als 35 Jahre sein. Heute ist diese Bestimmung etwas gelockert, da die Menschen inzwischen älter werden. Will man im späteren Alter noch ein Kind übernehmen, so muss auch das Kind bereits im fortgeschrittenen Alter sein. Als wir uns über solche Dinge den Kopf zerbrachen, war ich 31 Jahre alt, wir konnten uns also noch ein bisschen Zeit lassen.
So geriet diese Frage in eine Art Schwebezustand. Die Entscheidung blieb eine ganze Zeit lang offen.

Es war auch die Zeit, in der die Presse voll war von Berichten über Versuche so genannter künstlicher Befruchtung, über Kinder aus dem Reagenzglas und über Frauen, die für andere Frauen Kinder austrugen. In meiner Umgebung zeigte man damals sehr wenig Verständnis für diese neuen Formen, ein Baby zu bekommen. Ich dachte anders darüber. Was kann daran schlecht sein, wenn einem Ehepaar der versagt gebliebene Kinderwunsch doch noch erfüllt werden kann? Kann es eine Gotteslästerung sein, den Weg zu beschreiten, den Gott aufzeigt? So viele wollen keine Kinder und eine gesetzliche Grundlage für die Schwangerschaftsunterbrechung wird geradezu mit missionarischem Eifer diskutiert, da muss doch auch Platz sein für diejenigen, die auf normalem Wege kinderlos bleiben müssen, sich aber nicht so ohne weiteres mit diesem Schicksal abfinden, wenn die Wissenschaft neue Wege und Möglichkeiten auf diesem Gebiet entdeckt hat. Es hat schon so viele Erfindungen gegen die Menschen gegeben, da kann man doch nicht Entdeckungen, die Menschen helfen, ablehnen. Kurz und gut, ich habe die Entwicklung auf diesem Gebiet damals mit großem Interesse und mit viel Sympathie verfolgt und fand hierin in meinem Mann einen Gleichgesinnten. So war die Überlegung nahe liegend, ob die neuen wissenschaftlichen Erkenntnisse und Möglichkeiten nicht auch uns helfen könnten. Meine Schwester Doris kam mir in den Sinn. Wenn sie sich mit dem Sperma meines Mannes inseminieren ließe oder wenn eine gesunde Eizelle von ihr im Reagenzglas befruchtet und anschließend bei mir implantiert würde – das könnte eine Alternative zur Adoption sein! Vorsichtig „pirschte" ich mich mit solchen Gedanken an meine Schwester heran. Für einen Kaffeeplausch ist sie ja immer zu haben. Ich konnte kaum ich

einen klaren Gedanken fassen. Hoffnung und Verzagtheit wechselten sich ab wie Wellen am Meer. Wie fange ich bloß an? Wird sie mich verstehen? Und vor allem: Wird sie mitmachen? Wird sie meinen Wunsch erfüllen? Es klingelte und ich öffnete: Küsschen, Küsschen. Rasendes Herzklopfen! Dass ich selbst gebackenen Kuchen hatte, überraschte sie und machte sie etwas stutzig, denn Backen gehört nicht gerade zu meinen Stärken und hat deshalb Seltenheitswert bei mir. Ich bot ihr von meinem Kuchen an. „Sei jetzt bitte nicht böse, aber gestern habe ich beschlossen abzunehmen und da gehört Kuchen nicht zum Programm. Ich hoffe, du hast Verständnis für mich." Natürlich hatte ich Verständnis, nach außen hin. Innen war ich von einer Keule getroffen. Schlanker wollte sie werden! Und ich wollte sie doch um eine Schwangerschaft bitten! Sollte ich jetzt überhaupt noch mit meinem Thema anfangen? „ Ach, du glaubst gar nicht, wie ich es genieße, bei dir zu sitzen und Zeit zu haben. Seit die Kinder aus dem Haus sind, kann ich viel öfter einfach einmal Dinge machen, die mir Freude bereiten," platzte sie in meine Überlegungen hinein. Das war der nächste Schlag für mich. Mit dieser Einstellung konnte ich mir nicht mehr vorstellen, dass sie sich mit einer Schwangerschaft anfreunden könnte. Jetzt brauchte ich dringend Zeit zum Nachdenken, was am besten zu tun sei. So flüchtete ich mich auf die Toilette. Dort fiel mir ein Zeitungsartikel aus England ein. Wieder zurück fing ich mit der damals überall heiß diskutierten Geschichte an: „ Stell dir vor, in England gibt es eine Frau, die für ihre Tochter ein Kind ausgetragen hat. Sie hat sozusagen ihr eigenes Enkelchen geboren" –
„Ja, ich habe auch davon gehört. Offenbar ist das heute wissenschaftlich gesehen kein Problem mehr." Diese

Reaktion gab mir den Mut mit Vorsicht aufs Ganze zu gehen: „Könntest du dir vorstellen – rein theoretisch natürlich – mich genau so zu unterstützen wie diese englische Mutter ihre Tochter?" – „Theoretisch, wie du es formulierst, hätte ich damit keine Probleme." – „Und praktisch?", wagte ich mich nun ohne weitere Umschweife auf den Punkt und staunte heimlich über mich selber. Endlich war es geschafft, endlich war die entscheidende Frage gestellt. Doch wo blieb die Antwort? Nachdenklich und staunend sah sie mich an. Dann holte sie tief Luft: „ Und wie stellst du dir das genau vor?" Und so redeten wir eine Weile über In-vitro- Befruchtung mit meinem Mann als Spender und der Implantation der befruchteten Zelle in die Gebärmutter und über Varianten der damals neuartigen Möglichkeiten. Ich rechnete ihr vor, dass das so entstandene Kind auch etwas von mir selbst hätte, da sie als meine Schwester ja blutsverwandt mit mir sei. Und schließlich wäre kein anderes Kind einem Kind von mir und meinem Mann ähnlicher. Und dann, von mir ganz unerwartet, fast bin ich ein bisschen erschrocken, bot sie mir ohne weitere Umschweife ihre volle Unterstützung an. Eine tolle Schwester! Wo sie doch gerade noch abnehmen wollte! Neue Hoffnung war geboren – mit einer kleinen Einschränkung: Ihr Klaus musste noch zustimmen. Das Unternehmen „eigenes Kind" oder besser „weitgehend eigenes Kind" konnte fortgesetzt werden, die Frage der Adoption wurde zurückgestellt.
Doch es kam anders, als ich dachte. Mein Schwager hatte Einwendungen, die ich zu diesem Zeitpunkt nicht verstehen konnte, doch heute bin ich dankbar für
seine Offenheit. Zwar ging es keinesfalls um ein sexuelles Engagement meiner Schwester, hier hätte ich auch Einwendungen gehabt, aber auch so hätte es zu

unkalkulierbaren emotionalen und außerdem zu rechtlichen Problemen kommen können. Wir haben diesen Weg nicht mehr weiter verfolgt.

Er 5

Ich denke, wir haben ungefähr zehnmal oder noch öfter mit Hilfe der Fieberkurve versucht zu Elternfreuden zu kommen. Dann hatte Dr. Wendlich ein Einsehen und dieses wirklich alptraumhafte Erleiden wurde beendet. Unsere neue Hoffnung trug den Namen Insemination. Das heißt, das männliche Sperma wird durch einen dünnen Schlauch in die Gebärmutter transportiert. Für mich bedeutete dies die Rückkehr zu den „onanösen Höhepunkten", wie ich das Verfahren, Spermien zu gewinnen, in Schwäbisch Hall genannt hatte.

Um die Erfolgsaussichten zu optimieren, wurde mir vorgeschlagen, mich mit Hilfe einer speziellen Behandlung auf „Höchstqualität" zu bringen. Die Prozedur, dieses wertvolle männliche Markenprodukt dem Körper zu entlocken, konnte in vertrauter Umgebung, nämlich zu Hause, durchgeführt werden. Das war immerhin ein wenig angenehmer als damals in Schwäbisch Hall.

Doch der nächste schwere Schock sollte prompt folgen: „Die Anzahl der Spermien ist zu gering, die Zahl der deformierten und zu trägen dagegen zu groß. Die Folge: nur eingeschränkte Zeugungsfähigkeit! Aussicht auf Abhilfe besteht durch entsprechende Behandlung mit Medikamenten!"

Sofort meldete er sich wieder zu Wort, mein unheimlicher Begleiter, gegen den ich in den letzten Jahren einen stillen und zähen Kampf führte: der nagende Zweifel, am Ende der Schuldige an unserem ganzen Elend zu sein. Erst nach

einigen ziemlich lächerlichen Ausflüchten, beispielsweise wollte ich zunächst den Arzt nicht genau verstanden haben, fand ich die Kraft, mit meiner Frau über die neue Situation zu reden. Dabei muss ich wohl ziemlich deprimiert gewirkt haben, denn diesmal war sie es, die mir Trost und Mut zusprach. So wurde aus meinem persönlichen Leid das gemeinsame Leid und aus der beginnenden Verzagtheit der Wille, nicht aufzugeben. Meine insgeheim gehegte Befürchtung, sie könnte sich gegen mich wenden, mir Vorwürfe machen oder vielleicht sogar eine Trennung ins Gespräch bringen, erwies sich als ziemlich dümmlich. Wie so oft in ähnlichen Situationen beschlossen wir, uns etwas Besonderes zu gönnen. Diesmal war es ein Tagesausflug zu zweit mit einer Schifffahrt auf dem Main. Solche Tage waren übrigens immer ein ganz besonderes Erlebnis für mich. Unsere Antwort auf einen emotionalen Tiefpunkt erwies sich eigentlich regelmäßig als Balsam für die Gefühlslage. Und die spontanen Ausflüge hatten etwas von einer geradezu paradiesischen Unbeschwertheit und Leichtigkeit: Stippvisiten in Eden!
Erfreulicherweise wirkte das Medikament rasch und ich verfügte bald über ausgesprochen „zeugungsträchtige" Ejakulate. Das Stimmungsbarometer zeigte stark steigende Tendenz. Beide klammerten wir uns an den Glauben, dass es nach der Insemination endlich geklappt hat. Jedes Krümchen von Hinweis auf eine Schwangerschaft wurde begierig als eindeutige Bestätigung aufgenommen, jeder aufkommen wollende Zweifel sofort im Keim erstickt und wie ein böser Geist verjagt. Als könnte man es durch das Verhalten erzwingen, beschäftigten wir uns nun mit Vornamen, schauten wir schon mal nach einem geeigneten Kinderwagen und nach Babykleidung.

Die Katastrophe brach nach etwa zwei Wochen über uns herein: Regelblutung eingetroffen! Diesmal traf es uns ziemlich ungeschützt, hatten wir doch tatsächlich unsere Traumwelt zu unserer Realität erkoren und uns eine Zeit lang darin eingerichtet. Unsere Ursachenforschung endete mit einer neuen Theorie.
Meine Frau musste sich als junges Mädchen vielen Röntgenuntersuchungen unterziehen. Unser Verdacht wurde mit Dr. Wendlich besprochen, der uns aber wieder von dieser Befürchtung abbrachte. Und so wurde weiter inseminiert. Wie oft habe ich vergessen. Aber jedes Mal erfolglos! Nach etwa einem Jahr riet Dr. Wendlich dazu, die Möglichkeit einer Strahlenschädigung doch einmal genauer untersuchen zu lassen. Das Ergebnis brachte Gewissheit und die Antwort auf unsere bisher unklare und rätselhafte Situation. So schien es. Eine Strahlenschädigung wurde nun als wahrscheinlich angenommen. Und wenn eine Schwangerschaft eintreten würde, so müsste man mit einer Fehlbildung des Kindes rechnen! Der Gynäkologe riet uns nun zu einer Adoption.
Die neue Lage traf meine Frau ungleich härter als mich, dessen bin ich sicher.
Irgendwie war ich erleichtert, obwohl nun klar war, dass wir keine eigenen Kinder bekommen werden. Das Nichtwissen, das Ungewisse, die Unsicherheit, die ewige Suche nach Ursachen, das ständige Leben zwischen Hoffen und Bangen, die Berg- und Talfahrt der Gefühle, all das hatte nun ein Ende, wenn auch ohne „Happy-End". Auch die Ursache selbst, also dass der Grund bei ihr liegt, hat meine Frau psychisch gesehen sicherlich eher belastet und mich eher entlastet, ob wir uns das eingestehen wollen oder nicht.

Einer Adoption stand ich recht aufgeschlossen gegenüber, während meine Frau ziemlich verhalten, ja eigentlich ablehnend reagierte. Die Adoption war in den folgenden Monaten unser beherrschendes Thema. Wo wir auch immer diskutierten, ich blieb mit meiner Auffassung in der Minderheit.

An meinem Geburtstag, es war der zweiunddreißigste, kam es zu einer großen Adoptions-Diskussion: Eltern, Schwiegereltern, Geschwister, Schwägerinnen, Schwäger und Freunde, alle waren beteiligt! Schon seit einiger Zeit war ich damit beschäftigt gewesen, Beispiele von Fällen zu sammeln, bei denen die Adoption erfolgreich verlaufen war. Davon berichtete ich nun. Aber das hätte ich wohl lieber nicht tun sollen, denn sofort wurden mir, besonders von Vertretern der reiferen Generation, recht drastisch Gegenbeispiele aufgezählt Ich musste einsehen, dass konkrete Fälle meine Position nicht verbessern konnten. Deshalb wich ich auf die gesellschaftliche Bedeutung aus. „Gesellschaftlich gesehen ist eine Adoption eine wichtige Sache, denn Heimkinder sind später als Erwachsene statistisch für die Allgemeinheit eher problematisch als Kinder, die in intakten Familien aufgewachsen sind. Es muss deshalb im Interesse der Gesellschaft liegen zu adoptieren." – „Da hört ihr meinen Weltverbesserer!", höhnte meine Frau. „ Er gefällt sich oft in dieser Attitüde, mein guter Mensch". Und dann, an mich gerichtet fuhr sie fort: „Glaub' bloß nicht, dass wir allein dieses Problem lösen können, wenn wir ein einziges Kind aus einem Heim holen!" – „Hab` ich das vielleicht behauptet?", reagierte ich beleidigt, „aber gar nichts tun ist schon überhaupt keine Lösung. Das sind mir die Richtigen, über die Schlechtigkeit der Welt jammern, aber selbst die Hände in den Schoß legen!" – „Also fangt jetzt bitte nicht zu streiten an", mischte sich ein Freund ein, „ihr habt ja beide recht! Bedenkt aber bei euerer Entscheidung, dass es ganz wichtig ist, einer Meinung zu sein. Bei einer Adoption darf keiner nachgegeben haben, nur weil es der Partner so wollte. Vielmehr müssen es beide Teile wirklich und vorbehaltlos wollen! Da darf niemand innerlich auch nur halb dagegen sein. So wie es im Moment aussieht, kann ich euch nur raten, die Finger davon zu lassen. Das kann nämlich nur schief gehen, weil ihr euch bei jeder Schwierigkeit Vorwürfe machen werdet, statt zusammen zu stehen und gemeinsam nach Lösungen zu suchen. Nicht dass ich das bei euch annehme, aber man hört, dass Paare auch dann an eine Adoption oder allgemein an ein Kind denken, um damit andere Probleme in ihrer Beziehung zueinander zu lösen. Auch das halte ich schlicht für eine Illusion. Vielmehr bin ich davon überzeugt, dass diese Paare sich auf Dauer gesehen nur ein weiteres Problem aufhalsen. Nochmals: Die Adoption müsst ihr beide wollen, bedingungslos, vorbehaltlos und ohne sich ein Bild zu machen vom Zusammenleben mit dem neuen Familienmitglied. Dann habt ihr alle drei eine gute Zukunftschance. Dann wäre die Adoption für alle von Vorteil, denke ich. Sonst nicht."

Dieser Rat hat mich ziemlich beeindruckt. Und er brachte eigentlich genau das zum Ausdruck, was mir selbst so durch den Kopf ging. Überreden wollte ich Ingrid zu diesem Schritt auf keinen Fall. Sie musste schon von sich aus und ohne Wenn und Aber zu diesem Schritt bereit sein.

Die Zeitungen jener Tage waren voll mit sensationellen Berichten über neue Möglichkeiten, bislang „unfruchtbaren" Paaren doch noch zu Kindersegen zu verhelfen. Alle denkbaren Alternativen wurden experimentell durchgespielt. Von Kindern aus dem Reagenzglas, von Leihmüttern, von Samenbank und sogar von einer Großmutter, die ihr eigenes Enkelkind ausgetragen hat, war die Rede. Wenn ich auch, gesetzliche Regelungen gegen Missbrauch vorausgesetzt, diese neuen Möglichkeiten begrüßte, da sie geeignet sind, Menschen zu helfen, auf die Idee, wir selbst könnten uns der neuen Techniken bedienen, kam ich nicht. Deshalb traf es mich unvorbereitet, als meine Frau eines Tages damit herausrückte, ihre Schwester könnte vielleicht eine Eizelle sozusagen „spenden". Nach der Befruchtung im Reagenzglas mit meinem Sperma wolle sie es bei sich selbst, so meine Frau, implantieren lassen. Mir war absolut nicht wohl bei diesem Gedanken, deshalb setzte ich auf die ablehnende Haltung meiner Schwägerin. Und wurde enttäuscht. Denn sie zeigte sich einverstanden. So blieb mir nichts anderes übrig, als meine eigenen Bedenken ins Spiel zu bringen. Was passiert, wenn die Spenderin einer Eizelle plötzlich Muttergefühle entwickelt und das Kind für sich reklamiert? Wer ist eigentlich im rechtlichen Sinne tatsächlich die Mutter? Wie steht es mit dem Erbrecht? Solche und ähnliche Fragen gingen mir durch den Kopf. Die Verhältnisse waren ungeklärt, die Gesellschaft schien schlicht überfordert. Auch das Verhältnis zur Schwester könnte dadurch in Zukunft Belastungsproben ausgesetzt sein. Besonders dann, wenn das Kind sich nicht so entwickelt, wie es sich meine Frau vorstellt. Mit ziemlicher Erleichterung nahm ich deshalb zur Kenntnis, dass auch mein Schwager grundsätzliche Bedenken hatte. Damit war das Thema vom Tisch.

Meine Frau, die jetzt eine Beharrlichkeit und Ausdauer in Sachen Kinderwunsch an den Tag legte, was ich heute nur bewundern und bestaunen kann, was ich aber damals

wegen der offensichtlichen Aussichtslosigkeit eher als lästig empfand, bestand auf einer Kontrolluntersuchung, um das Ausmaß der Strahlenschädigung genauer festzustellen. Erneut wurden wir überrascht. Diesmal allerdings im positiven Sinn! Die Schädigung erwies sich als weit weniger gravierend als zunächst angenommen. Diesmal gab es allen Grund zu feiern, konnten wir doch wieder auf Elternfreuden hoffen. Wir „gönnten" uns einen Urlaub.
Danach jedoch wieder trister Alltag: Wir beschritten die bekannten Wege, wie Fieberkurve messen, Insemination, sexuelle Enthaltsamkeit und ebensolche Betriebsamkeit. Wir durchlitten die bekannten Misserfolge!
Immerhin waren wir durch andere Wünsche, die wir uns durch finanzielle Sicherheit und durch unsere Willenskraft leichter als ein Baby erfüllen konnten, etwas abgelenkt. Beruflich hatte ich 1979 den „großen Sprung" von Bayern nach Baden-Württemberg geschafft, ebenso den Eintritt ins Beamten - Dasein. Als ich 1980 von Wertheim nach Weikersheim versetzt wurde, fand ich nicht nur einen Arbeitsplatz zum Wohl fühlen, sondern auch einen in unmittelbarer Nähe zu meiner Heimatstadt, deren Luft erfüllt ist mit „schwäbischen Gedanken": Ja, wir bauten ein Haus!
Immer wieder neue Aufgaben und neue Herausforderungen haben mich eigentlich stets gereizt und nie übermäßig geängstigt. Nur der Ruhestand erscheint mir aus jetziger Sicht etwas unheimlich. So war es sonnenklar, dass wir nicht etwa schlüsselfertig bauen würden, sondern unser gemeinsames „Nestchen" auch selber planen. Zunächst war da der Bauplatz, der ausgesucht werden musste. Hanglage an einer Sonnenseite sollte es sein, darin waren wir uns einig.

Aber gemäßigte Hanglage wegen der Hüftprobleme meiner Frau. Und herrlich war das, täglich neue Varianten unseres Hauses zu diskutieren. Viel schöner als Fieberkurven zu studieren und Misserfolge beim Kinderkriegen zu ergründen!

So ungefähr der hundertste Plan brachte den Durchbruch. Unsere Vorstellungen von Funktionalität und Ästhetik hatten sich so weit angenähert, dass wir mit unseren Zeichnungen, Berechnungen und Plänen einen Architekten aufsuchen konnten. Der machte sich daran, unser „Luftschloss" auf die finanziellen Auswirkungen hin zu untersuchen. Das Ergebnis war ähnlich niederschmetternd wie unsere vergeblichen Versuche, ein Baby zu bekommen, nämlich 200% über unserem finanziellen Grenzbereich! Nach dieser Bruchlandung galt es, von unserer Planung zu retten, was zu retten ist. Zähe Kämpfe gab es an allen Fronten, sowohl mit dem Architekten, als auch mit den Handwerkern, ja, manchmal auch mit meiner Frau.

Die Vernunft sagte den Wünschen immer wieder, dass das Diktat der begrenzten finanziellen Möglichkeiten unbedingt zu beachten sei. Ziemlich oft bin ich es gewesen, der dies sagte, doch umgekehrt kam es auch vor. Grundsätzlich war unser Geschmack ziemlich einfach:

Es war stets das Teuerste!

Wie mit dem Kinderwunsch kamen wir auch beim Bauen öfter in die Lage, dass es nicht weiterzugehen schien. Manche Träne musste ich meiner Frau trocknen. Aber gemeinsam meisterten wir schließlich jede Situation und konnten im Sommer 1982 stolz Einzug feiern.

Wir waren also vom Kinderkriegen ziemlich abgelenkt, wenn wir auch keck gleich zwei Kinderzimmer in unserem Haus vorgesehen hatten!

Insemination und Fieberkurve waren für mich in jener Zeit Themen, die mehr oder weniger nebenbei existierten. So blieben auch die fast schon gewohnten und von mir inzwischen erwarteten Misserfolge eher erträglich.
Zumindest war ich derjenige, der sich recht gerne und zum Teil auch bewusst ablenken ließ!

Sie 6

Den letzten operativen Befund wollte ich gerne überprüft wissen. Deshalb saß ich wieder meinem Gynäkologen gegenüber. Wir vereinbarten einen neuen Eingriff, diesmal noch weitergehend. Nochmals Gewebeentnahme und zwar mehr als bei der ersten Operation. Deshalb kam ich wieder ins Krankenhaus, gleiche Station wie letztes Mal, es war März 1980.
Da war schon jemand im Zimmer:
„Hallo, mein Name ist Brunotte – Ingrid Brunotte."
„Und ich heiße Meier. Aber weißt du was – nenn' mich Gerda, das ist mein Vorname." Herrlich unkompliziert, diese jungen Dinger. Ich schätzte sie auf Anfang Zwanzig. Sie erzählte mir ungefragt, dass sie zur Langzeitbeobachtung hier sei, weil sie Probleme mit dem Unterleib habe, die sich bis jetzt niemand so recht erklären könne. Und dann wollte sie auch von mir Genaueres wissen:
„Du siehst ja richtig gesund aus. Welches Problem führt dich denn zu mir in dieses Zimmer?" Erwartungsvoll trafen mich ihre tiefen, braunen Augen. Ich zögerte. Sie sah wirklich niedlich aus mit ihrem bunten Kopftuch, das sie kunstvoll um ihren Kopf geschlungen hatte. Ärgerlich, aber mir kamen Tränen in die Augen. Ich konnte nicht antworten. Da traf mich ihre Frage ein zweites Mal. „ Es wird dir vielleicht komisch vorkommen, aber ich bin hier,

weil ich ein Baby möchte." „Stimmt, das Krankenhaus ist für einen solchen Wunsch ein eher exotischer Ort!", lachte sie prompt zurück. Mir war zwar nicht unbedingt danach zumute, aber ich musste doch mitlachen, so unbekümmert und ansteckend wirkte sie. Dann erzählte ich ihr meine Geschichte. „Mein Gott, das gibt es doch gar nicht.", meinte sie, als ich geendet hatte. „Ich habe übrigens schon mit siebzehn einen Jungen bekommen. Du kannst dir vorstellen, dass er kein Wunschkind war. Aber wie das halt manchmal so läuft, wenn man verliebt ist! Als ich merkte, dass ich schwanger war, habe ich den Vater geheiratet, und ich bin auch heute noch bis über beide Ohren verliebt. Mein kleiner Balg ist inzwischen auch schon drei Jahre alt. Und ich bin so was von froh, dass ich ihn habe! Das kannst du dir gar nicht vorstellen! Schade nur, dass er jetzt schon einen ganzen Monat auf seine Mama verzichten muss und bei seinen Großeltern lebt." Sie wurde ernst, unterbrach sich kurz und schluckte ein wenig. Dann erzählte sie weiter, „Mein Mann muss arbeiten und hat deshalb kaum Zeit, sich um unseren Sonnenschein zu kümmern. Am Sonntag kannst du beide kennen lernen. Alle sagen übrigens, dass mein Sohnemann die ganze Mama sei. Ich bin mal auf deine Meinung gespannt." Sie redete noch eine ganze Weile über ihren geliebten Sohnemann. Ich war bemüht, meine Gefühlslage zu verbergen. Doch irgendwann muss ihr aufgefallen sein, dass ich schon ziemlich lange nichts mehr sagte. Plötzlich machte sie ihr Tonband an und drehte den Knopf auf volle Lautstärke. Popmusik dröhnte durch den Raum. Sie sprang aus dem Bett in ihre Pantoffeln und tanzte mir etwas vor. Normalerweise hätte ich das alles für völlig überdreht gehalten, aber bei ihr wirkte alles so natürlich, so ehrlich und so ansteckend. Und so brachte

sie mich tatsächlich schnell wieder aus meiner gedrückten Stimmung und bald sogar auch noch dazu, mitzumachen! Nicht immer ging es ihr so gut wie bei unserer ersten Begegnung. Manchmal hörte ich sie nachts leise wimmern, wenn sie vor Schmerzen nicht schlafen konnte. Ich ließ sie im Glauben, nichts davon zu bemerken.
Über das Verhalten der Ärzte und der Schwestern musste ich mich in den nächsten Tagen doch sehr wundern. Denn meine junge Zimmerkollegin durfte praktisch machen, was sie wollte, sogar nachts ausgehen, wenn ihr danach war. Es war Faschingszeit und ihr ganzer Wunsch war, wenigstens einmal einen Ball zu besuchen. „Hast du eine Möglichkeit, eine blonde Perücke zu besorgen?", fragte sie mich. „Es muss aber noch heute sein. Ich hab' die Genehmigung, auf den Faschingsball zu gehen heute Nacht. Da staunst du, was?
Ja, da staunte ich. Über meine Mutter gelang es mir tatsächlich, die gewünschte Perücke zu besorgen. Gerda hat sich köstlich amüsiert, wie sie sagte. Danach ging es ihr aber zwei Tage lang ziemlich schlecht.
Mein Halskettchen hatte es ihr angetan. „Kannst du mir auch so eines besorgen?" Ich konnte es nicht, denn es war aus Griechenland. Ein Geschenk von meinem Mann, das er speziell für mich hatte anfertigen lassen. Irgendwie ahnte ich, in welcher Lage sie war. Ich ging zu ihr ans Bett, nahm die Kette ab und legte sie ihr um den Hals. „Glück und Gesundheit soll sie dir bringen!"
Sie umarmte mich und ihren Blick werde ich nie vergessen. Klaus - Dieter wird mir sicher verzeihen, wenn ich ihm erzähle, was ich gemacht habe, hoffte ich im Stillen.
Gerdas Mann kam zu Besuch und berichtete stolz, dass er ein neues Auto gekauft hatte. Beide freuten sich und

malten sich ihre Fahrten aus, die sie mit dem neuen Wagen unternehmen würden. „Welche Farbe?", hörte ich Gerda dann auf einmal fragen. „Schwarz!" – „ Soll das etwa das Auto für meine Beerdigung sein?", empörte sie sich lautstark in völlig ernstem Ton. Ich war entsetzt über ihre Reaktion. Doch gleich darauf lachten die beiden über Gerdas Art zu scherzen!
Was für ein makabrer Witz in einem Krankenhaus!
Der Eingriff, den man bei mir machte, verlief gut. Mit Spannung erwartete ich den histologischen Befund. Der Arzt teilte mir wenig später mit „ alles in Ordnung bei Ihnen, Frau Brunotte. Morgen können Sie nach Hause."
„Alles in Ordnung?", fragte ich ein wenig ungläubig in mich hinein. „Und warum werde ich dann nicht schwanger"?
Einige Tage nach meiner Entlassung erhielt ich einen Anruf. Es war Gerdas Mann. „Schön von Ihnen zu hören, morgen werde ich Gerda besuchen. Wie geht es ihr denn?" – „Gerda ist heute Nacht aus dem Fenster gesprungen. Sie ist tot!", sagte er mit tonloser Stimme.
Ich war wie vom Donner gerührt, musste nach Halt suchen und die Fassung behalten.
„Was? – Das kann doch nicht wahr sein! – Sagen Sie, dass das nicht stimmt!", stammelte ich ins Telefon. Schluchzen am anderen Ende statt einer Antwort. „ Sie ist doch, war doch, so lebenslustig. Das kann doch nicht stimmen. Das ist doch nicht wahr. Das hat sie nicht getan." – Doch, es ist leider wahr. Sie hatte Unterleibskrebs im Endstadium. Ihr Hochzeitskleid wünscht sie sich als Totenkleid und es ist auch ihr Wunsch mit der Halskette von Ihnen beerdigt zu werden." – Ich konnte vor Tränen nicht antworten. Aber Gerda hat ihre Halskette in eine andere Welt mitgenommen.

Der genaue Befund nach dem letzten Eingriff lautete in der Sprache der Mediziner, die wir allmählich zu deuten verstanden, wie folgt: "Der Sims-Huhner-Test ist positiv, unter Clomifen-Gabe normale biphasich induzierte Zyklen. Sollten innerhalb der nächsten beiden Zyklen die gewünschte Gravidität nicht eingetreten sein, ist nochmals eine Gonadotropin-Behandlung mit anschließender homologen Insemination geplant."
Das bedeutete immerhin eine Teilentwarnung! Das Risiko, ein behindertes Kind zur Welt zu bringen, galt zwar immer noch als erhöht, aber nicht so extrem, wie zunächst angenommen, so dass es dem Arzt verantwortbar erschien, mich weiter zu behandeln. Unsere Bemühungen um ein eigenes Kind konnten weitergehen. Die Adoption wurde weiter auf Eis gelegt.

Der Wunsch, ein Kind zu bekommen, war für mich allgegenwärtig und gehörte zum Alltag wie das Zähneputzen. Und wenn wir zum Mond geflogen wären, der Gedanke war in mir und immer neue Pläne entstanden in meinem Kopf. Die meisten davon wurden bald wieder verworfen. Sah ich eine Mutter mit Kind, so stellte ich mir gleich ein Leben mit Kind vor. Sah ich eine Familie, die Mutter einen Kinderwagen führen, schwanger, links und rechts an den Händen je ein Kind, den Vater daneben mit einem etwas größeren Kind und alle nicht vom feinsten gekleidet, dann fragte ich mich : „Warum nur". Diese Eltern wollten vielleicht nicht einmal so viele Kinder haben, und ich, die Kinder haben möchte, denen es ganz bestimmt auch finanziell gesehen gut gehen würde, bekomme keines. Wir kauften uns gerade einen Bauplatz und waren mit unserem Architekten dabei, einen Plan zu erstellen. Wie viele Kinderzimmer sollen wir einplanen, war die Frage. Wir entschieden, zwei Zimmer so zu gestalten, dass sie bei Bedarf leicht als Kinderzimmer zu nutzen wären.

Meine Mutter erzählte mir von verschiedenen Familien mit ähnlichen Sorgen wie wir. Nachdem sie ein Haus gebaut hatten, klappte es plötzlich wie durch ein Wunder. Kam dieses Wunder vielleicht durch die Ablenkung oder durch die Freude zustande, die man empfindet, wenn man etwas gemeinsam schafft und erreicht? Immerhin ist ein gemeinsam geplantes Haus ebenso ein gemeinsames „Werk" wie ein Baby. Ich jedenfalls freute mich auf die Aufgabe und hoffte insgeheim auf ein Wunder. Zu diesem Zeitpunkt sang Katja Ebstein das Lied „Wunder gibt es immer wieder". Dieses Lied wurde mir zum Symbol meiner Hoffnungen und gab mir tatsächlich neue Kraft. Ich trällerte es oft vor mich hin und empfand es wie meine persönliche Hymne. Zuerst sollte nun unser gemeinsames Werk, der Bau unseres Heimes, gelingen und dann ... dann musste es ja kommen, unser gemeinsames Wunder!

Die Monate vergingen , ich maß täglich meine Temperatur und als mein Gynäkologe den Zeitpunkt eines Eisprungs feststellte, inseminierten wir wieder. Dieses Mal hat es bestimmt funktioniert, immerhin, wir sind fast fertig mit dem Bauen und warum sollte der liebe Gott ausgerechnet mich vergessen haben?

Die zwei Kolleginnen im Labor überraschten mich mitten in meiner „Wartezeit" mit der Neuigkeit, dass alle beide im dritten Monat schwanger seien. Mit einem Schlag war es wieder da, dieses kaum zu beschreibende Gefühl zwischen Mitfreude und Schock! Mir gegenüber stand nun sogar das zweifache Mutterglück am Arbeitsplatz und bei mir hat es womöglich wieder einmal nicht geklappt! Diese Situation kenne ich schon zur Genüge! Sollte ich alles noch einmal durchleben müssen? Es blieb mir nicht erspart, denn bald darauf stellte sich die Blutung bei mir ein und die Hoffnung war wieder einmal gestorben. Innerlich starr hörte ich von weit her, wie jemand von Bewegungen im Mutterleib sprach, von glücklichen Ehemännern, vom Kinderwagenkauf und der Einrichtung von Kinderzimmern, von Namensbüchern und Babykleidung. Das ging mich doch nichts an! Das waren Nachrichten aus einer anderen Welt Es war ungefähr so, als würde jemand auf mich einstechen, obwohl ich schon so gut wie tot war! Früh morgens begann die seelische Folter, Tag für Tag. Ein halbes Jahr lang! Und abends war mir immer ganz schlecht, Tag für Tag, ein halbes Jahr lang!

So lieb mir meine Mitarbeiterinnen immer gewesen waren, so gerne ich auch mit ihnen gearbeitet habe, ich begann ihn doch herbeizusehnen, den Tag, an dem der Mutterschaftsurlaub für sie begann. Neue Kolleginnen kamen als Vertretung. Eine gab mir den Tipp, der mich sofort wieder hoffen ließ, Dr. Schönhut, Facharzt für Frauenkrankheiten in Wertheim am Main. Schon bald hatte ich dort einen Termin. Alle bisherigen Unterlagen zu „unserem Unternehmen Baby" brachte ich gleich mit. Eine stationäre Aufnahme und eine Untersuchung in Narkose sollten folgen.

Wieder Klinikaufenthalt und wieder der Krankenhausduft, der mich schon mein halbes Leben lang begleitet hat und der mir zutiefst zuwider ist. Außerdem zeigte man nicht gerade Taktgefühl für eine Frau, die sich so sehnlichst ein Kind wünscht. Man legte mich ausgerechnet mit einer glücklichen Mutter, die vor ein paar Stunden ihr Baby zur Welt brachte, in ein Zweibettzimmer. Ich konnte mich den ganzen Tag kundig machen, wie man ein Baby pflegt, es an die Brust nimmt und es liebevoll in den Armen wiegt. Ich war umgeben von der Glückseligkeit der Eltern. Besuch kam und jeder brachte zur Freude der Mutter nette Babysachen mit. Ich fühlte mich schrecklich und war froh, als ich die Klinik verlassen durfte. Der Befund war fast identisch mit all den Vorhergehenden und ich stand wieder ratlos vor meinem Problem.

Sonntags waren wir oft bei meinen Schwiegereltern. Wenn es die Zeit erlaubte, gönnten wir uns zur besonderen Freude der Schwiegermutter ein Gesellschaftsspiel wie „Mensch ärgere dich nicht" oder „Monopoly". Zu den absoluten Höhepunkten zählte es, wenn mein sieggewohnter Göttergatte einmal verlor. Da spendierte mein Schwiegervater schon einmal ein Gläschen Sekt.

Wieder einmal hatten wir uns den Sonntagnachmittag frei gehalten, standen vor der Haustür bei Willi Brunotte und klingelten.. Die Tür wurde geöffnet. Schwiegermama stand da und lächelte uns freundlich an – ein Baby auf dem Arm! Was sollte das denn werden? Bevor wir etwas sagen konnten, fing sie an zu reden: „ Ihr werdet staunen, aber wir haben seit gestern ein Kind zur Pflege angenommen." - „Warum denn das?" – „Wisst ihr, beide Elternteile arbeiten, manchmal sogar in Nachtschicht. Die Eltern sind aus Indien, kennen hier nur wenige Leute und finden einfach niemanden, der auf das Kind aufpasst. Da haben wir uns bereit erklärt zu helfen. Willi ist noch ein bisschen skeptisch. Aber ich möchte einfach eine Aufgabe haben, die mich ausfüllt. Nur den ganzen Tag herumsitzen, dazu fühle ich mich einfach noch zu jung. Das hier mit diesem goldigen Kleinen macht mir riesig Spaß. Die Familie will ein paar Jahre in Deutschland bleiben und dann zurück nach Indien."

Was für eine Katastrophe für meine Seele: Ich weiß, es war falsch, aber in diesem Moment fühlte ich mich wie ein Versager. Die Situation empfand ich als einen einzigen Vorwurf an uns. Der Arm der Schwiegermutter, das war doch der Platz für den Enkel! Das war der Platz für mein Kind! Ich hätte heulen können!
Der Besuch an diesem Tag fiel recht kurz aus und überhaupt wurden unsere Zusammenkünfte jetzt seltener. Ich habe ehrlich versucht, mich mit der Lage zurechtzufinden, aber ich habe es nie richtig verwunden. Und als ich dann auch noch erleben musste, wie meine Schwiegereltern dem Kleinen sagten, sie seien Oma und Opa, da war es ganz aus bei mir. Wir kamen nur noch zu den üblichen Familienfesten zusammen. Mit Erleichterung und heimlicher Freude nahm ich später die Nachricht auf, dass die Familie nach Indien zurück sei. Jetzt herrschte Trauer im Hause Brunotte senior. Wenig später kam die Nachricht aus Indien, der Junge sei von einem Unbekannten in den Brunnen gestoßen worden, da brach für meine Schwiegereltern eine Welt zusammen. Mein Mitgefühl war ehrlich. Aber immer wieder musste ich den Satz hören: „Mein Junge ist tot." Das war jedes Mal wie ein Schlag ins Gesicht für mich.
Der Mörder wurde übrigens nie gefunden!
Lange blieben die Schwiegereltern nicht alleine, dann hatten sie wieder ein Pflegebaby aus Indien. Und alles begann von vorne. Ich schwieg und litt.
Sollte man vielleicht doch adoptieren? Bis heute kann ich es nicht erklären, aber es gab etwas in mir, das mich zögern ließ.

Er 6

Den Erzählungen in der Familie, wonach Ehepaare gleich nach dem Bauen plötzlich Zuwachs erwarteten, schenkte ich wenig Beachtung, da ich mir einen Zusammenhang nicht vorstellen konnte. Und so war es dann auch bei uns. Der Bau war fertig, das Baby blieb aus.
Nun sollte die Zeit beginnen, in der wir uns „Reisende in Sachen Babywunsch" nannten. Jedenfalls führte uns diese Art von Tourismus quer durch ganz Süddeutschland. Sogar Fahrten nach Hamburg, Kiel, aber auch nach Wien wurden ernsthaft erwogen.

Sie 7

Am 16. April 1982 wurde in Erlangen das erste damals so genannte „Retortenbaby" in der Bundesrepublik Deutschland geboren. Eine Sensation ersten Ranges! Die Medien überschlugen sich mit Berichten. Überall gab es heiße Diskussionen über diese neue Möglichkeit, ein Baby zu bekommen.
Keine Frage, dass auch wir uns dafür interessierten. Konnte dies nicht auch ein Weg für uns sein? Mein Mann und ich diskutierten darüber nächtelang im Bett.
Mit wachen Augen kuschelte ich mich schweigend an ihn. Ich wusste genau, dass ihm klar war, woran ich dachte und worüber ich jetzt mit ihm reden wollte. Doch er schwieg! Die Stille im Zimmer war allmählich unangenehm und machte mich nervös. Warum fragt er mich nicht? Er weiß doch genau, was ich will! Aber er will wohl seine Ruhe haben. Am Ende tut er manchmal nur so, als

ob er sich für das Problem interessiert. Und in Wahrheit will er seine Ruhe haben! Um alles sorgt er sich, nur meine Sorgen lassen ihn kalt. Je länger ich nachdachte, umso mehr fühlte ich mich von ihm im Stich gelassen. Gerade wollte ich mich enttäuscht von ihm abwenden, da hörte ich ihn plötzlich fragen: „Woran denkst du, Schatz?" Dabei drückte er mich ein wenig fester an sich, als wollte er sagen: Bleib doch da. Mir gefällt deine Nähe. Richtig versöhnt war ich aber noch nicht. Das geht nicht so schnell bei mir. „Ach, an nichts! Und überhaupt, dich interessiert das doch sowieso nicht. Du hast anderes im Kopf." – „Wie soll ich denn das jetzt verstehen? Entweder du denkst an nichts. Oder du denkst an etwas, von dem du annimmst, dass es mich nicht interessiert. Nichts würde mich tatsächlich nicht interessieren. Aber du hast natürlich an etwas gedacht und wusstest nur nicht, wie du anfangen sollst." – „Und warum hast du mich dann nicht schon längst danach gefragt, wenn du alles schon weißt? – „Na, vorhin hab ich's ja noch nicht gewusst. Ist mir grade erst klar geworden!", brummte er sonor und gab mir ganz zärtlich einen Versöhnungskuss. Jetzt fühlte ich mich ihm wieder ganz nah, nicht nur körperlich! Jetzt kuschelten auch unsere Seelen. Und ich spürte, jetzt konnte ich darüber sprechen ohne zu weinen. Jetzt können wir zusammen eine Lösung finden, vielleicht. „Meinst du, die neue Methode aus Nürnberg oder Erlangen kommt auch für uns in Frage? Meinst du, man würde uns annehmen oder wenigstens auf die Warteliste setzen? Meinst du, die Krankenkassen übernehmen die Kosten in solchen Fällen wie bei uns? Oder wenigstens einen Teil? Meinst du, wir sollten es trotzdem versuchen, auch wenn wir alles selbst zahlen müssten? Meinst du, die Banken würden uns dafür einen Kredit geben? Meinst

du ... ?" – „Halt, halt, nicht so viel ‚meinst du' auf einmal." Während er das sagte, legte er sanft den Zeigefinger auf meinen Mund und gab mir erneut einen zärtlichen Kuss. „Wie sehr bewegt dich das doch alles! Lass es uns einfach versuchen, dann bekommen wir eine Frage nach der anderen beantwortet. Ich bin mir sicher, wir werden einen Weg zum Erfolg finden, auch wenn wir uns jetzt noch nicht genau vorstellen können, wie er aussehen wird. Du bist jetzt so unsicher, weil Wertheim kein Erfolg war. Doch was die da in Erlangen machen, das hört sich nach einer sehr großen Chance für uns an. Gerade jetzt wäre es richtig dumm von uns, wenn wir aufgeben würden!" In dieser Nacht habe ich meine tiefen Zweifel und Ängste besiegt. Auch er war ja so sicher. Und deshalb siegte erneut die Hoffnung, trotz aller bisherigen Rückschläge.
Wirklich hatten wir Mitte 1983 unsere Bemühungen in Wertheim endgültig aufgegeben. Statt dessen sammelten wir aber nun alle verfügbaren Zeitungsberichte über Retortenbabies. Besonders viel stand in den Boulevardzeitungen. Egal, auch das kam in unsere Akte „Babywunsch". Überhaupt alles, was uns zu diesem Thema in die Hände fiel. So bereiteten wir uns auf ein Gespräch mit dem berühmt gewordenen „Erlanger Team" vor. Ein Anruf in Erlangen bei Prof. Trotnow gegen Ende des Jahres 1983 brachte allerdings erneut eine Ernüchterung. Es gab bereits sehr viele Paare, die die gleiche Idee hatten wie wir. Nähere Angaben zu unserem "Fall" und die Übersendung unserer Unterlagen erbrachten immerhin, dass wir als geeignet für einen Versuch eingestuft wurden. Wir kamen auf eine Warteliste.
In der Wartezeit, die sich als endlos erwies, verfolgte ich einen anderen Hinweis. Wir fuhren nach Mannheim in die dortige Frauenklinik zu Prof. Dr. Ruhne. Der stellte bei

mir Entzündungen fest, allerdings minderschwerer Natur, medikamentös zu beheben. Meinem Mann bestätigte er, Langlebigkeit und gute Beweglichkeit der Spermien, allerdings eine ziemlich hohe Anzahl an Deformationen. Dies könnte unter Umständen eine Ursache sein, so meinte er, dass ich wider Willen nicht schwanger werde. Dann eine Nachricht, die uns aufhorchen ließ: In Böblingen werde am dortigen Krankenhaus neuerdings auch die extracorporale Befruchtung durchgeführt, wie man die Zeugung im Reagenzglas damals zu nennen pflegte.

Er 7

In Deutschland wurde das erste „Retortenbaby" geboren. Eine wissenschaftliche Sensation und ein Thema für die Boulevardpresse. Die Menschen diskutierten das Ereignis mit Leidenschaft. Die skeptischen Stimmen überwogen. Aber grundsätzliche Ablehnung hörten wir nur selten. Doch auch kaum einmal vorbehaltlose Zustimmung. Egal, wir waren elektrisiert!
Für Paare mit Kinderwunsch sei dies eine neue Chance, war zu lesen, besonders auch in jenen Fällen, wo die Ursachen für die Kinderlosigkeit ungeklärt sind, also weder bei ihr noch bei ihm erkennbare und nicht zu lösende Hinderungsgründe vorliegen. Man schätzte die Zahl dieser Paare damals auf etwa Hunderttausend. Ob wir da mitgezählt waren? Wenig später wurde diese Schätzung deutlich nach oben korrigiert. Die Anzahl der Betroffenen scheint bis auf den heutigen Tag immer weiter zu steigen, ohne dass ich bisher eine überzeugende Erklärung dafür gehört hätte.

Wir waren also elektrisiert von dem Gedanken, die "In - Vitro - Fertilisation", wie der neue Weg auch genannt wurde, könnte vielleicht auch uns helfen.
Nun ist dies aber Neuland ohne große Erfahrungswerte. Und da kann man nicht so einfach zustimmen, ohne genauere Informationen darüber, was da eigentlich mit einem geschieht, was da gemacht wird und welche Folgen das alles am eigenen Körper haben kann. Die Erfolgsaussichten und die Kosten sind natürlich auch nicht ohne Interesse.
Wir sammelten nun alles, was wir über die neue Methode finden konnten, und hatten bald ein richtiges kleines Archiv zu "unserem " Thema zusammen.
Außerdem besorgte ich Fachliteratur über den weiblichen Zyklus und die dabei sich vollziehenden Veränderungen im Körper. Schwerpunkt meines neuen Forscherdrangs war natürlich alles, was eine Schwangerschaft erschwert oder begünstigt. Sehr schnell wurde mir die zentrale Bedeutung von Hormonen bewusst. Da auch beim „Retortenbaby" Hormone eine wichtige Rolle gespielt hatten, wollte ich nun möglichst alles über Hormone wissen. Manche Texte erwiesen sich leider als ausgesprochen frustrierend, da der Besitz eines Lexikons für medizinische Fachausdrücke für das Verständnis unerlässlich war. Aber auch dem konnte abgeholfen werden. Ich erinnere mich gut daran, meiner Frau nicht ohne eine gewisse Genugtuung schon bald selbst gefertigte Zeichnungen vorgelegt zu haben, zur Illustration dessen, was im Verlauf eines Monatszyklus in ihr vorging. Sie sah sich alles an, hörte mir zu und lächelte wohlwollend. Und wenn es ihr zu viel wurde, dann entschuldigte sie sich mit der Bemerkung, noch etwas zu tun zu haben. Irgendwie hatte ich bei

solchen Gelegenheiten stets den Eindruck, die bekannten Eulen nach Athen getragen zu haben.

Bald fühlte ich mich so weit informiert, dass wir mit befreundeten Ärzten und dem Gynäkologen meiner Frau über unsere neuen Pläne diskutieren konnten, ohne befürchten zu müssen, am Ende kaum etwas verstanden zu haben.

Nach langen Diskussionen mit Fachleuten, Freunden und innerhalb der Familie hatten wir folgende Fakten zusammengetragen, die uns für unsere Entscheidung von Bedeutung waren: die quantitative Behandlung meiner Frau mit Hormonen schien unbedenklich, auch wenn noch keine Langzeitergebnisse vorlagen. Die Erfolgsaussichten wurden recht unterschiedlich eingestuft, durchschnittlich aber mit etwa 12 - 15%. Die Kosten lagen damals bei ungefähr 6 000 -8 000 DM, die bis auf weiteres von der Krankenkasse übernommen wurden. Da die Behandlung mit einem Eingriff in den menschlichen Körper verbunden ist, bleibt ein Restrisiko, dass es zu Komplikationen kommt, wenn dies auch äußerst gering ist. Die auf diese Weise auf die Welt gebrachten Kinder unterscheiden sich in ihrer Ent-wicklung in nichts von anderen Kindern. Der eigentliche Zeugungsvorgang vollzieht sich außerhalb des weiblichen Körpers. Dazu müssen ihm Eizellen entnommen werden, die nach der Befruchtung und der Teilung in etwa vier bis acht Zellen in die Gebärmutter implantiert werden. Die Erfolgsaussichten erhöhen sich bei mehreren Eizellen. Da alle befruchteten Eizellen mit normaler Entwicklung in den Körper der Frau eingesetzt werden, kann es zu Mehrlingsgeburten kommen.

Soweit für den zeitlichen Einsatz eine Krankmeldung am Arbeitsplatz nicht in Frage kommt, könnte man Urlaub nehmen.
Mein „Kurzeinsatz" müsste ohnehin auf ein Wochenende oder in die Ferien geplant werden. Im Falle eines Misserfolges ist das Paar zunächst mit seiner Enttäuschung und mit seinem Kummer allein.
Eines war klar, den weitaus größeren Einsatz musste meine Frau erbringen. Für sie würde es vor allem strapaziös, aber auch etwas schmerzlich.
Die Ärzte ermunterten uns - und meine Frau war ohnehin dazu entschlossen. Wer schon so viel getan hat, um ein Kind zu bekommen, der wagt auch diesen Schritt. Auch ich war jetzt bereit. Allerdings versuchte ich ein klein wenig einer menschlich vielleicht nicht mehr zu ertragenden Ausuferung vorzubeugen. Rein statistisch gesehen, müsste es spätestens nach ungefähr sechs Versuchen einmal geklappt haben. Genau das war unser äußerstes Limit, das wir uns im Falle von Misserfolgen setzten: Höchstens sechsmal! Dann wollten wir den Wunschtraum vom eigenen Kind loslassen. Dann wäre über eine Adoption neu nachzudenken. Oder schlicht und einfach darüber, wie wir unser Leben ohne Kinder möglichst angenehm einrichten.
Nach dieser für mich nicht ganz einfachen Entscheidung, von der ich damals noch nicht genau wusste, was dies für uns tatsächlich für Belastungen brachte, machten wir uns sofort daran, dem Beschluss die Taten folgen zu lassen.
Nach einem Anfangserfolg in Erlangen, wir wurden als aussichtsreich eingestuft und in eine Warteliste aufgenommen, wurden wir auf eine fast zwei Jahre währende Geduldsprobe gestellt, die wir damit zubrachten, uns in eine möglichst optimale „Zeugungsform" zu bringen.

Natürlich versuchten wir daneben auch, auf ganz natürliche Weise zu Elternfreuden zu gelangen oder wir griffen auf die uns inzwischen sattsam bekannten, herkömmlichen ärztlichen Hilfestellungen zurück. Das Fruchtlose dieses Tuns überraschte mich indessen nicht mehr. Vielmehr stellte sich jedes Mal das von mir ohnehin Erwartete ein. So blieb mir erspart, immer wieder aufs neue seelisch erschüttert zu sein. Allerdings wurde der Misserfolg als Mann jetzt nicht etwa zu einem Ereignis, das mich unberührt ließ und mir vollkommen gleichgültig war! Es wurde vielmehr zu einem Bestandteil des Alltagslebens. Man gewöhnte sich daran ungefähr so, wie wenn man erfährt, dass man im Lotto wieder einmal nichts gewonnen hat. Ich nahm bedauernd Kenntnis davon und ging meinen Tätigkeiten nach. In der Kommunalpolitik standen 1984 Neuwahlen an und ich stürzte mich in den Wahlkampf. In der Politik und in der Schule hatte ich mehr Erfolg als bei den Versuchen, Vater zu werden.

Überhaupt konnte ich mir ein Leben ohne Kind immer besser vorstellen und begann vorsichtig damit, meine Frau auf das freie und ungebundene Leben uns bekannter Paare ohne Kinder aufmerksam zu machen. Gleichzeitig erfreute ich mich an Erzählungen über Eltern, die Schwierigkeiten mit ihren Kindern hatten, und vergaß niemals, dies auch zu Hause bei passender Gelegenheit zu erwähnen. Dabei achtete ich allerdings darauf, der Sache kein übermäßiges Gewicht zu verleihen, um meine Absicht nicht offenbar werden zu lassen, auch meine Frau an den Gedanken zu gewöhnen:

Das Leben kann auch schön sein ohne Kind!

Immer wieder redete ich von der Möglichkeit, dass auch eine extracorporale Befruchtung erfolglos bleiben könnte,

denn ich bemerkte mit Sorge, dass meine Frau auf eine gefährliche Art und Weise ihre ganze Hoffnung auf diese neue Methode setzte. Je länger wir warten mussten, desto unheimlicher wurde mir die Situation.
Da keine Lösung in Sicht war, musste für Ablenkung gesorgt werden. Was den anderen ihre Kinder, das waren uns unsere Reisen! Und was für Reisen wir uns gönnten! Trotz der hohen finanziellen Belastung durch den Bau unseres Hauses.
Nicht weniger als zehn Fahrten in zwei Jahren, darunter nach New York und Florida, nach Moskau und immer wieder in unser geliebtes Südfrankreich:
Provence und Côte d'Azur oder ins nicht minder geschätzte Südtirol.
Und konnten wir uns das nicht nur deshalb leisten, weil wir beide berufstätig waren und kein Kind hatten? Ist es nicht wunderschön – ohne Kind?
Na ja, ohne Kind stimmte nicht ganz. Inzwischen hatten wir öfter mal die Tochter meiner Schwägerin dabei. Wie ausgelassen und unbeschwert ein solcher Urlaub war, ein Urlaub mit Yvonne! Ihr klarer, hellkehliger Kindergesang welch ein mitreißendes Feuerwerk an Lebenslust! Unvergesslich, wie wir auf „Schrubber-Safari" gingen – so nannten wir die Zimmerjagd auf Schnaken mit geschulterten Besen – oder wenn sie als „Koffer-Julius" kam. Das waren die fliegenden Händler am Strand. So schön, wenn sie beim Spielen plötzlich zu mir sagte: Papa!
Doch die dann oft wässrigen Augen haben es womöglich verraten, es tat tief innen weh!
Durch Yvonne wurde mir das Gegenteil von dem klar, was ich mir vorzumachen versuchte. Reisen, ganz egal in welche Weltgegend, könnte mir nie ersetzen, was man mit einem Kind erleben kann.

Wir ruderten wieder in dieselbe Richtung, meine Frau und ich, wir zwei in unserem Traumboot!

Es mag nun den Anschein haben, dass es bei uns meist ziemlich harmonisch zuging. In Wahrheit gab es aber häufig Auseinandersetzungen. Viele Diskussionen mit unterschiedlichen Meinungen endeten im Streit. Das liegt sicherlich zu einem großen Teil daran, dass unsere Verhaltensweisen und Reaktionen im Gespräch miteinander sehr verschieden sind. Während ich es vorziehe, etwas „durch die Blume" zu sagen, bevorzugt meine Frau den direkten Weg. Das empfinde ich oft als schroff und verletzend. Dann werde ich schnell aggressiv. Das wiederum ärgert meine Frau. Bis hierher wäre alles halb so schlimm, wenn jetzt nicht ein weiterer Unterschied hinzukäme: Während ich mich verhältnismäßig schnell ärgere, aber kurz, dauert es bei meiner Frau immer eine halbe Ewigkeit, bis sich ihr Adrenalinspiegel wieder in den Normalbereich abgesenkt hat. Und mich regt wiederum auf, wenn meine Angebote, doch jetzt zusammen die „Friedenspfeife zu rauchen", schnöde abgeschmettert werden, was dann unweigerlich zu einem neuen Schuss Adrenalin bei ihr führt! Sind wir erst einmal in einen solchen Teufelskreis geraten, dann hat es sich bewährt, für eine gewisse Zeit Abstand voneinander zu halten! Wahr ist aber leider, dass wir uns gelegentlich schon wegen Nichtigkeiten anhaltend misstrauisch und verbal aufgerüstet belauert und schließlich mit schwerem Wort-Geschütz verletzt haben.

Meine Eltern waren so ein gefährliches Reizthema, von denen sie sich als Schwiegertochter nicht recht anerkannt fühlte, weil sie nicht für die angeblich erwarteten Enkel gesorgt hatte.

Davon konnte zwar nach meiner festen Überzeugung in Wahrheit keine Rede sein, sie war aber von dieser fixen Idee nicht abzubringen, besonders nachdem meine Eltern ein Kind in Pflege genommen hatten.
Wenn sie meine verschiedenen Tätigkeiten als Mangel an Liebe zu ihr interpretierte, war ebenfalls das Ende der ehelichen Hochdruckwetterlage in Sicht, oder wenn wir gemeinsam über mögliche Gründe für unsere Kinderlosigkeit nachdachten. Das lag wohl in erster Linie an mir, weil ich – stets in Sorge der Schuldige zu sein und also ein Defizit als Ehemann zu haben – beinahe jede diesbezügliche Äußerung als einen Vorwurf auffasste und daher in eine latent aggressive Grundstimmung verfiel, die mir leicht außer Kontrolle geraten konnte.
Solche Auseinandersetzungen häuften sich in der Zeit, als es nicht richtig vorwärts ging und wir nicht genau wussten, wie es weitergehen sollte: Die Zeit, in der wir auf der Warteliste in Erlangen schmorten.
Besser wurde es, als wir erfuhren, dass die Methode der extracorporalen Befruchtung auch in Böblingen durchgeführt würde und wir dort tatsächlich rasch einen konkreten Termin erhalten konnten.

Sie 8

Und so landeten wir 1985 bei Dr. Schwabel in Böblingen. Doch zunächst erhielten wir nichts weiter als eine Broschüre mit einer Vielzahl an Informationen:

Extracorporale Befruchtung mit Embryoübertragung

Die Extracorporale Befruchtung mit anschließender Übertragung der befruchteten Eizelle in die Gebärmutter der Mutter bedeutet für viele kinderlose Ehepaare die letzte Chance, doch noch zum ersehnten Kind zu kommen. Für welche Ehepaare kommt die Methode der Exrcorporalen Befruchtung nun in Frage:

1.) Für Patientinnen mit völligem Verschluß oder Fehlen beider Eileiter (sog. tubare Sterilität). Mindestvoraussetzungen für eine erfolgversprechende Behandlung sind eine intakte Gebärmutter und ein normal funktionierender Eierstock.

2.) Für Ehepaare mit verminderter Zeugungsfähigkeit des Ehemannes, wobei auch hier gewisse Mindestvoraussetzungen erforderlich sind.

3.) Für Ehepaare mit einer ungeklärten Ursache der Kinderlosigkeit.

4.) Bei Vorhandensein von Antikörpern gegen Ei- oder Samenzellen.

Die Chancen einer erfolgversprechenden Behandlung nehmen nach dem 35sten Lebensjahr der Frau ab. Die Probleme und die Komplikationen, die eine Schwangerschaft und eine Geburt bei über 35jährigen Frauen mit sich bringen können, nehmen zu. Auch erhöht sich das genetische Risiko ab diesem Alter.

Voruntersuchung und Vorbereitung der Patienten

Um in das Behandlungsprogramm aufgenommen werden zu können, sind folgende Voruntersuchungen erforderlich:
Bei der Frau:
1. Das Führen von Aufwachtemperaturkurven, damit festgestellt werden kann, ob es zu einem Eisprung kommt.
2. Bestimmung der Hormone LH, FSH, Progesteron, Östradiol, Prolaktin sieben Tage nach dem Eisprung. Bei Verdacht auf Funktionsstörung der Schilddrüse ist zusätzlich die Bestimmung der Schilddrüsenhormone erforderlich.
3. Von der Scheide und der Cervix müssen cytologische und bakteriologische Abstriche durchgeführt werden.

Beim Ehemann sollten mindestens zwei Sperma-Untersuchungen mit bakteriologischer Untersuchung des Spermas, einschließlich der Untersuchung auf Mykoplasmen und Clamydien erfolgen. Die Spermiogramme sollten vier Wochen vor und am Anfang des geplanten Behandlungszyklus erstellt werden. Bei dem Vorliegen krankhafter Befunde der Samenzellen ist eine andrologische und genetische Untersuchung des Ehemannes erforderlich. Diese Untersuchungen können in Zusammenarbeit mit dem niedergelassenen Frauenarzt oder ambulant durchgeführt werden. Dazu benötigt man einen Überweisungsschein des betreuenden Arztes zur ambulanten Untersuchung.

Wir möchten Sie bitten, sämtliche Untersuchungsbefunde und Operationsberichte, die im Rahmen einer Sterilitätsdiagnostik bei Ihnen durchgeführt wurde, mitzubringen.

Der Behandlungszyklus ist durch den natürlichen Menstruationszyklus der Frau vorgegeben und beginnt mit dem ersten Tag der letzten Periodenblutung.

Am ersten Tag der letzten Regel ist eine telefonische oder persönliche Mitteilung, wann die Behandlung durchgeführt werden soll, erforderlich.

Hierzu benötigt man einen Überweisungsschein des Frauenarztes zur ambulanten Untersuchung.

Die ambulante Behandlung beginnt ab dem zweiten Zyklustag mit einer Sondierung bzw. Dilatation des Cervikalkanals bis Hegar 7.

In der nun folgenden Zeit wird durch tägliche Ultraschalluntersuchungen und Hormonbestimmungen das Wachstum der Eierstocksfollikel, in welchem sich die Eizellen befinden, gemessen und durch eine jeder Patientin individuell angepaßten Tabletten- oder Spritzenbehandlung durch Hormone gefördert (sog. Stimulationsbehandlung).

Zu diesem Zweck müssen Sie jeweils von 8 Uhr morgens mit voller Harnblase für die Ultraschalluntersuchung und zur Blutentnahme bei uns in der Klinik sein.

Wenn die Hormonwerte ansteigen und die Ultraschallwerte entsprechende Durchmesser zeigen, wird der Eisprung durch eine auslösende Spritze vorbereitet.

Die Eizell-Entnahme, die entweder mittels Ultraschallpunktion oder evtl. durch Bauchspiegelung erfolgt, wird ca. 32 – 36 Stunden nach dieser auslösenden Spritze durchgeführt. Diese erfolgt ambulant oder stationär. Sollten Sie stationär aufgenommen werden, benötigen wir hierzu eine Einweisung des Frauenarztes.

Am Tag der Eizell-Entnahme muß der Gatte mit in die Klinik kommen.

In dem neben dem Operationsraum liegenden Labor wird die durch Punktion gewonnene Follikel-Flüssigkeit sofort auf das Vorhandensein von Eizellen untersucht.

Das ebenfalls an diesem Tage frisch gewonnene Sperma wird einige Stunden später nach entsprechender Vorbereitung im Labor den Eizellen im Reagenzglas zugefügt.

Die Spermagewinnung erfogt nach fünftägiger Karenz des Ehemannes durch Mastrubation unter möglichst sterilen

Kautelen bei uns. Um eine bakterielle Verunreinigung des Spermas zu verhindern, wird der Ehemann ca. ab dem 10ten Zyklustag mit einem Tetracyclin (=Antibiotikum) behandelt. Tritt eine Befruchtung und normale Teilung der Eizellen ein, so werden diese zwei Tage nach der Punktion mit einem dünnen Katheter in die Gebärmutter zurückübertragen (sog. Embryotransfer).
Zwei Tage nach dem Embryotransfer erfolgt die Entlassung aus der stationären Behandlung.
Eine Frühschwangerschaft kann durch Hormonbestimmung erkannt werden.

Stimulationsbehandlung

Durch die hormonelle Stimulation mit Tabletten oder Spritzen wird erreicht, dass im Behandlungszyklus mehrere Follikel heranreifen und somit mehrere Eizellen der Punktion zur Verfügung stehen.
Es ist bekannt, dass die Übertragung mehrerer Eizellen die Schwangerschaftsrate erhöht. Leider muß bei diesem Vorgehen eine erhöhte Mehrlingsschwangerschaftsrate in Kauf genommen werden, auf die wir keinen Einfluß nehmen können.

Welche Probleme können bei der Extracorporalen Befruchtung auftreten?

Die Eizellentnahme erfolgt bei uns hauptsächlich mittels Ultraschallpunktion. In wenigen Fällen ist aber auch eine Bauchspiegelung zur Eizellgewinnung erforderlich.
Jede Punktion ist ein operativer Eingriff. In besonders ungünstigen Fällen kann es zur Verletzung des Darmes oder eines Blutgefäßes kommen. In solchen Fällen muß der Bauchraum eröffnet werden, um diese Verletzung chirurgisch zu versorgen.
Glücklicherweise ist diese Komplikationsrate sehr gering.

Eines der Hauptprobleme ist es, dass nicht in jedem Behandlungszyklus eine erfolgreiche Befruchtung der Eizellen erreicht werden kann. Es ist möglich, dass in einem Zyklus keine reife Eizelle zu gewinnen ist oder dass sich die Eizelle nach der Befruchtung nicht normal weiterentwickelt.
Derartige Fehlschläge müssen Sie leider einkalkulieren. Auch zum normalen Zyklus der Frau gehört es, dass Ei und Samenzellen zusammentreffen, ohne dass es dabei zu einer Befruchtung kommt.
Ist aufgrund der vor Behandlungsbeginn durchgeführten Untersuchung zu erwarten, dass in dem Behandlungszyklus nicht mit einer normalen Eizellreifung zu rechnen ist oder ist das Sperma mit Bakterien verunreinigt, so wird in diesem Zyklus keine Punktion durchgeführt werden.

Zu erwartende Chancen für eine erfolgreiche Schwangerschaft

Die Rate ausgetragener Schwangerschaften beträgt zur Zeit ca. 15 – 20% bezogen auf die durchgeführten Embryoübertragungen. Man muß dabei allerdings berücksichtigen, dass bei fruchtbaren Ehepaaren mit gezieltem Verkehr innerhalb eines Zyklus die Schwangerschaftsrate nur 30% beträgt.

Zusammenarbeit mit den Sie betreuenden Frauenärzten

Wir wollen die extracorporale Befruchtung nur in Zusammenarbeit mit Ihrem Frauenarzt durchführen und möchten Sie deshalb bitten, diesen zu jeder Zeit über die geplanten Behandlungsschritte, die bei Ihnen vorgenommen werden, zu informieren.
Nach jeder Behandlung erhält Ihr Frauenarzt von uns einen Abschlußbericht.

Nachdem wir soweit verstanden hatten, was nun zu tun sei, wählten wir einen Hausgynäkologen 15 Kilometer von Bad Mergentheim.
Nach den Unterlagen, die wir mitbrachten, war für ihn klar, dass er uns helfen wollte. Er überwies uns nach Böblingen.
Dort bekamen wir nun ein Schema für die extracorporale Befruchtung:

Der Behandlungszyklus beginnt mit dem 1. Tag der letzten Periodenblutung. Rufen Sie uns bitte an diesem Tag in der Klinik an.
Vom 1. Tag der Menstruation an nehmen Sie von den Predni H – Tablinen morgens 1/2 Tablette und abends 1 Tablette ein.
Am 2. Zyklustag wird der Gebärmutterhalskanal etwas aufgedehnt und sondiert. Vom 3. bis einschließlich 7. Zyklustag erhalten Sie jeweils nachmittags 2. Amp. Pergonal oder Humegon, welches wir Ihnen aufschreiben.
Am 8. Zyklustag kommen Sie dann bitte in unsere Frauenklinik und zwar mit einer vollen Harnblase um 8.oo Uhr morgens zu der ersten Ultraschalluntersuchung.
Am Tag der Eizellentnahme muß Ihr Ehemann mit in die Klinik kommen.
Ihr Ehemann erhält ab dem 8. Zyklustag prophylaktisch eine Kapsel eines Antibiotikums, um eine bakterielle Verunreinigung des Spermas zu vermeiden.

Böblingen ist für uns nicht gleich um die Ecke, sondern bedeutete etwa 14o km Fahrt.
Normalerweise kein Problem, doch wenn man nur wegen einer Blutentnahme, dazu mit voller Harnblase diese Strecke fahren soll, dann bedeutet dies schon eine Plackerei. Dazu mussten wir uns von unserem Arbeitgeber freigeben lassen, oder Urlaub nehmen.
Vor dem Labor der Klinik warteten schon viele Ehepaare auf die Blutabnahme und auf die Ultraschalluntersuchung. Ich war total erstaunt, wie viele Paare es mit der gleichen Problematik gab. Ich fühlte mich nicht mehr allein, wir waren plötzlich eine große Familie im gleichen Boot.
Man tauschte seine Erlebnisse, Befürchtungen, Ängste und Schicksalsschläge aus. Zum Beispiel musste eine Hebamme, die ihren Beruf mit Liebe ausführte, tagtäglich Kindern auf die Welt helfen, nur sie selbst wartete seit vielen Jahren auf dieses Glück vergeblich. Ihr Beruf in ihrer Situation, das musste eine wahre Höllenstrafe sein!
Wir waren ungefähr so wie eine von Trauer geprägte Gemeinschaft, die ein großes Erbe erwartet. Mit einem wichtigen Unterschied: jeder gönnt jedem, was er sich erhofft.
Meine Eizellen waren zu aller Zufriedenheit gut und groß herangewachsen. Der Tag des Transfers kam und jeder, der davon wusste, drückte mir die Daumen.
„Heute werde ich bestimmt dem Warten auf ein Kind ein Ende setzen", dachte ich während der Fahrt nach Böblingen. Plötzlich und unerwartet lief eine schwarze Katze vor unser Auto. Mein Mann konnte noch rechtzeitig bremsen. „Eine schwarze Katze bringt Unglück", dachte ich voller Pessimismus, obwohl ich sonst nicht

sehr abergläubisch bin. Klaus-Dieter schimpfte zwar, doch mir war die Hoffnung wie weggeblasen, und ich rechnete mit dem Schlimmsten. So kam es dann auch wirklich! Zwei Wochen nach dem Transfer setzte die Menstruation ein. Obgleich ich ja nichts Anderes erwartet hatte, war ich doch wieder am Boden zerstört.
Für mich war klar, ein neuer Versuch musste gemacht werden. Und diesmal ohne schwarze Katze!
Ehe sich Dr. Schwabel versah, saß ich wieder in seinem Sprechzimmer. Wir vereinbarten einen stationären Neuversuch in einem Vierteljahr. Inzwischen musste ich weiterhin meine morgendliche Temperatur zeichnen:

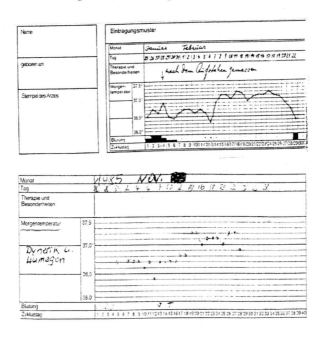

Durch die medikamentöse Behandlung stellte sich nun ganz deutlich der Eisprung dar und das war ein gutes Zeichen. In diesem Jahr wurde ich 38 Jahre alt, und ich fragte mich, ob das vielleicht zu alt für ein Kind sei.
Tröstung fand ich nun in einem Zeitungsbericht, der mir richtig Mut zum Weitermachen gab. Hierin war zu lesen: „Künstliche Befruchtung – ohne Retorte, Schwangerschaften nach Direkttransfer in den Eileiter, Erfolg bei 41jährigen." Der Artikel kam in meine Sammlung!
Ich war mit Dr. Schwabel telefonisch in Kontakt, damit er den Verlauf meiner Basaltemperatur bis zu meiner stationären Einlieferung unter Kontrolle hatte.
Ich selbst war es, die sich bis dahin die Hormone Pergonal und Pregnesin 5000 E spritzte. Zuerst bat ich meinen Mann darum, mir die Spritze ins Gesäß zu geben. Willig und tapfer ging er auf meine Bitte ein. Doch als er mit freiem Oberkörper, um den Hals ein Handtuch wie ein Boxer umschlungen auf mich zukam, wusste ich, diesen Wunsch durfte ich niemals mehr äußern. Dreimal nahm er Anlauf, bis die Spritze saß, danach standen ihm die Schweißperlen auf der Stirn und ich musste Angst haben, dass er mir umfiel.
Der Termin für den Klinikaufenthalt nahte und ich packte das für die paar Tage Nötige zusammen. Ein Dreibettzimmer, ich die Dritte im Bunde, und alle drei wegen der gleichen Sache hier. Worüber wir so den lieben langen Tag sprachen, brauche ich wohl nicht zu sagen. Es drehte sich wirklich alles nur um das Thema Kind. Wie viele Follikel wohl bei jedem heranwachsen und ob es bei allen zu einem Transfer kommen würde. Die Möglichkeit, dass sich die Eizelle nach der Befruchtung nicht oder nur teilweise entwickelt, schoben wir zu Seite, denn wir woll-ten optimistisch an das geplante Geschehen herangehen. Op-

timist sein war in dieser Situation sehr wichtig, und die Kraft dazu bekam ich von meinem Mann. Ich bin ihm heute noch sehr dankbar, dass er all die Strapazen liebevoll mitgemacht hat.
Über den Ultraschall konnten wir uns überzeugen, dass meine Follikel wieder den gewünschten Durchmesser hatten. Unter Narkose entnahm man mir drei gut gewachsene Follikel, die dann mit dem Sperma meines Mannes im Reagenzglas zusammengeführt wurden.
Nun begann die Zeit des Wartens, ob sich die Zellen teilen würden, damit man sie mir über einen Transfer in die Gebärmutter zurückführen konnte. Die Ehepaare, deren Zellen sich nicht teilten, konnten wieder nach Hause fahren. Und das passierte dann auch bei meiner Bettnachbarin. Sie war niedergeschmettert. „Ich kann keine Kinder kriegen.", schluchzte sie los, „Ich bin ein Krüppel! Mein Mann wird mich verlassen! Und wir waren doch so glück-lich! Wofür werde ich so bestraft?" Sie heulte lauthals. – „Also, übertreib' mal nicht. Von Strafe kann doch wohl keine Rede sein und ein Krüppel bist du schon gar nicht. Bei uns wird eine neue Methode angewandt und da gibt es eben auch Misserfolge. Wir müssen über den Misserfolg zum Erfolg kommen. Kein Mensch weiß, wie es bei mir ausgeht. Kann gut sein, dass wir uns bald wiedersehen! Weil – aufgeben gilt nicht! Okay?" Alle beide weinten wir, doch das Weinen klang jetzt wie Trotz! Ein Arzt kam und wollte über einen neuen Termin sprechen, aber meine Nachbarin war nicht in der Lage dazu, so dass er unverrichteter Dinge wieder kehrt machen musste. Der Ehemann kam um sie abzuholen. Er versuchte zu trösten. Jedoch der Schmerz, die Enttäuschung, die Anspannung – erst mit den Tränen kommt das von der Seele! Sie packte und weinte. Sie

redete und weinte. Ich weinte mit. Es war gut, den Kummer einfach ein Stück hinauszuweinen.

Doch Leid und Freud wechselten fast im Sekundentakt: Bevor es bei mir zum Transfer kam, zeigte der Arzt über Monitor die befruchtete Eizelle. Was für ein glücklicher Augenblick! Er sprach von "unserem Brunöttchen".

Ein Tag nach dem Transfer ging es mit dem wunderbaren Gefühl, etwas Kostbares in sich zu haben, mit dem Auto nach Hause. Dort wurde ich schon von den Familienmitgliedern erwartet, jeder freute sich und gratulierte mir zu diesem Schritt. Mein Schwager überreichte mir eine rote Rose als Anerkennung, und ich fühlte mich wie im siebten Himmel. So ungefähr – habe ich mir in meinen Träumen vorgestellt – wird es sein, wenn ich einmal meine Schwangerschaft ankündigen werde. Dr. Schwabel hatte mir eine Liste mit Verhaltensregeln gegeben. Das war jetzt meine Bibel! So kam es, dass ich ab sofort alle Hausarbeiten langsam, wie auf Eiern gehend, erledigt habe. Heute weiß ich, dass ich mir damals viel zu wichtig vorkam, doch in meiner Euphorie drehte sich die Welt nur noch um mich. Ich lag sehr viel, trug keine schweren Dinge, ließ mich bedienen und genoss diesen wunderbaren Zustand. Die Ernüchterung kam aber ganz schnell wieder, als sich nach 19 Tagen die Blutung wieder einstellte. Ich verfiel in Depressionen.

Er 8

Auf die Fahrt nach Böblingen freute ich mich richtig, denn ich fahre gerne Auto und die Stadt kannte ich noch nicht. Die Schwierigkeiten mit dem Parkplatz und die übliche, deprimierende Krankenhausatmosphäre sorgten

aber sehr schnell für Ernüchterung! Dazu kam noch das ungastliche Gebäude in tristem, grauen Sichtbeton!
Die Leute dagegen waren freundlich, auch Dr. Schwabel, der leitende Arzt. Ein Frauentyp, der mir das Gefühl vermittelte, dies zu genießen. Verstehen kann ich's durchaus, stören tut's mich trotzdem!
Auch die Aussicht, bald ein Antibiotikum einnehmen zu müssen, trug nicht gerade dazu bei, meine Stimmung wieder zu heben. Doch zunächst war nicht einmal ganz sicher, ob wir zum auserwählten Kreis der Paare gehören würden, bei denen die in vitro Fertilisation überhaupt versucht wird. Viele Tausende standen in Deutschland bereit und nur wenige konnten behandelt werden! Doch wir schienen Aussicht auf Erfolg zu bieten und unser nun schon fortgeschrittenes Alter für Elternfreuden half uns ebenfalls. Mit inzwischen 38 Jahren wurde meine Frau als Spätgebärende eingestuft.
Die mir längst vertraute Art, Spermien zu gewinnen, wurde mir kurz erklärt. Dann wurde ich mutterseelenallein gelassen mit einem kleinen Behälterchen in einem Raum mit der Ausstrahlung einer Tiefkühltruhe, teils Zelle, teils Abstellraum.
Nach den Gesprächen war klar, dass es ohne Unterrichtsausfall diesmal nicht gehen wird. Noch unangenehmer war, dass man nichts Genaues planen konnte und ich deshalb nicht wusste, an welchem Tag ich in der Schule fehlen würde und welche Klassen betroffen sein werden. Womöglich mussten sogar Klassenarbeiten verlegt werden.
Alles in allem viel Unerfreuliches, was uns da in Böblingen mit auf den Heimweg gegeben wurde!
Da war es wirklich wohltuend, dass wir dort auch viele Paare trafen, die sich in der gleichen Lage befanden wie

wir. So war der Warteraum ein regelrechtes Informationszentrum für uns. Unglaublichste Leidenswege wurden erzählt, Erfahrungen ausgetauscht, Rechtspositionen erörtert. Alles steckte ja noch in den Kinderschuhen, so dass man allerorten auf Unsicherheiten stieß, keineswegs nur unter den „Kinderwunsch-Paaren", auch bei den Krankenkassen und den Arbeitgebern, ja sogar die Ärzte gaben unterschiedliche Auskünfte, insbesondere bei rechtlichen Problemen gegenüber dem Arbeitgeber.
Beispielsweise ist der Vorschlag, Urlaub zu nehmen, wenn der Arbeitgeber nicht freigibt, wenig hilfreich, wenn der Urlaub gar nicht flexibel genommen werden kann. Unterschiedliche Vorstellungen herrschten auch darüber, ob unfreiwillige Kinderlosigkeit als eine Form von Krankheit einzustufen sei oder nicht. So kam die Idee zustande, sich zu organisieren, um einander besser, leichter und schneller zu informieren und um die eigenen Interessen besser vertreten zu können. Es begann mit dem Austausch von Telefonnummern und endete mit der Gründung eines Verbandes, von dem ich allerdings heute nicht mehr sagen kann, ob er wirklich von Böblingen aus seinen Anfang nahm. Trotz unserer Sympathien für diesen Interessenverband gehörten meine Frau und ich aus Zeitgründen nicht zu den Gründungsmitgliedern.
Bei uns herrschte trotz aller Widrigkeiten Optimismus und Aufbruchstimmung vor. Warum sollten wir nicht die modernsten Möglichkeiten der Medizin nutzen, um unser Problem zu lösen? Alles verlief geradezu ideal, und auch der befürchtete Unterrichtsausfall konnte schließlich doch vermieden werden. Einige meiner Korrekturen fanden allerdings im Krankenhaus statt!
 Gott sei Dank mussten wir uns so gut wie nie mit einer verständnislosen Umwelt auseinander setzen. Besonders

bei unseren Freunden und Verwandten stieß unser Vorhaben auf Neugier und Interesse, manchmal auch auf Besorgnisse, aber nicht auf Kritik. Wir fühlten uns dadurch eher bestärkt. Das war eine große moralische Hilfe, die viele andere Paare in unserer Lage nicht hatten. Besonders in ländlichen Gebieten standen Mitmenschen den neuen Methoden oft ablehnend gegenüber:
Man greife in den natürlichen Lauf der Welt ein und versündige sich an der Ordnung Gottes. Wenn jemand kein Kind bekomme, so sei dies gottgewollt und deshalb als eine Strafe für begangene Sünden und Freveltaten zu akzeptieren. Andernfalls begehe man Gotteslästerung und stehe im Pakt mit dem Teufel. Wer aber im Pakt mit dem Teufel stehe, der habe sich aus der Gemeinschaft der Christen entfernt und müsse deshalb von den anderen gemieden werden.
Über solche und ähnliche Meinungen wurde berichtet. Viele Paare mussten sich zunächst einiges anhören, weil sie kinderlos waren, aber als sie sich den Kinderwunsch mit der In-vitro-Methode erfüllen wollten, führte dies bis hin zum Bruch mit dem Elternhaus!
Fassungslos hörte ich mir solche Berichte an. Manches klang mehr nach einer Erzählung aus dem Dreißigjährigen Krieg als nach Verhaltensweisen am Ende des zwanzigsten Jahrhunderts. Bewundernswert, dass diese Alleingelassenen dennoch nicht aufgegeben haben!
Als ich meine Frau nach erfolgreichem Embryotransfer nach Hause holte, kam ich mir vor wie jemand, der rohe Eier transportiert. Ich kann mich nicht erinnern, jemals so vorsichtig auf der Autobahn gefahren zu sein, wie damals. Das ungewohnte Elternglück durfte doch auf keinen Fall gefährdet werden! Fast daheim, mussten wir noch über einen schienengleichen Bahnübergang. Darüber fuhr ich

so behutsam, dass wir von Fußgängern überholt worden wären, wenn es welche gegeben hätte.

Von nun an sammelten wir Indizien, die für eine Schwangerschaft sprachen.

Hatte man uns nicht schon oft gesagt, Schwangere zeigten Abnormitäten im Essverhalten?

Ungewöhnlicher Appetit? Ganz klar – ein gutes Zeichen!

Heißhunger auf saure Gurken? Na prima, wenn das kein Beweis war!

Ähnlich war unsere Reaktion, wenn SIE plötzlich Ekel empfand vor einem Essen, das SIE bisher gern gegessen hatte.

Die Stimmung war besonders gut, wenn es meiner FRAU schlecht war!

Da hatten wir dann einen kleinen persönlichen Feiertag.

Ich fürchte, meine Frau hält es nicht für eine meiner hervorstechenden Eigenschaften, sie auf Händen zu tragen. Doch ich nehme für mich in Anspruch, damals wenigstens den Versuch unternommen zu haben, IHR die Wünsche von den Lippen abzulesen.

Aus lauter Angst vor einem Fehler durfte sie kaum noch etwas tun. Bloß nicht schwer heben, nicht Treppen steigen, nicht hüpfen, keine Wäsche waschen oder aufhängen, beim Einkauf die Waren nicht selbst tragen!

Nicht nur von mir, nein, von allen, die Bescheid wussten, wurde sie umhegt und gepflegt. Sie war wie eine Königin im Bienenstaat.

Für einige Zeit näherte sich unsere Ehe tatsächlich dem vorwiegend weiblichen Klischee-Ideal: er als treusorgender Ehemann und aufmerksamer Liebhaber ist ausschließlich für sie da, stets unterhaltsam und gut gelaunt, er nimmt ihr alles ab, was Mühe und Sorgen macht, regelt die Finanzen und löst alle Probleme souverän! Ein Bild

von einem Mann, das mit mir an sich wenig zu tun hat! Mag sein, dass es andere gibt mit mehr Begabung zum Märchenprinzen.
Aber in der damaligen Lage hatten wir uns so etwas wie ein Wolkenkuckucksheim geschaffen.
„Ist er denn jeden Tag daheim?", hörte ich eine Freundin fragen, die zu Besuch gekommen war und ich gerade im Keller Getränke holte. „Jeden Tag, wenn er nicht gerade in der Schule ist." Ich unterbrach meine Tätigkeit und hörte interessiert nach oben. „Und die Politik?" – „Er hat alle Termine abgesagt. Ich glaube, ich bin ihm wichtiger im Moment. Und unser Kind natürlich." – „Und die Stadtführungen?" – „Hat er auch abgegeben." – „Die Volkshochschule?" – „Da läuft zur Zeit sowieso nichts." – „Dann ist er tatsächlich nur noch für dich da?" – „Nur noch für mich. Er macht fast den ganzen Haushalt. Mich lässt er kaum was tun. Er hat sogar schon versucht zu kochen. Wir sind dann zwar Essen gegangen, aber immerhin. Er hat's versucht. Und er will's wieder probieren!" -
„Ich glaub's ja nicht! Was macht ihr dann so den ganzen Tag? Da gibt's doch sicher auch mal Streit." – „Quatsch, wir haben uns schon lange nicht mehr gestritten. Ich kann mich nicht erinnern, wann das gewesen ist. Ob du es nun glaubst oder nicht, er macht die Betten, er putzt, er spült ab. Zwischendurch schmust er mit mir, fragt mich nach meinen Wünschen. Er geht mit mir in Boutiquen und berät mich beim Aussuchen. Ich achte dabei übrigens mehr aufs Geld als er. Schau mal die Blumen hier in der Wohnung! Von ihm! Heute Abend sind wir im Konzert. Damit hat er mich überrascht." – „Hör' auf, ich werd' ganz neidisch! Wenn ich das mit meinem vergleiche. Bei dem kommt zuerst der Fußball, dann der Beruf. Und

wenn ich etwas zum Anziehen brauche, dann haben wir kein Geld dafür. Mein Schrank sei sowieso voll, behauptet er immer, dieses Scheusal! Ach ja, ein Mann wie deiner ist mir leider nicht über den Weg gelaufen."
Jetzt brachte ich die Getränke und gab Ingrid ein Küsschen. So war sie, unsere Märchenwelt!
Umso entsetzlicher brach die Wirklichkeit, brutal und unerbittlich, in unsere kleine heile Welt.
Ingrid war nicht schwanger!
Das war wirklich hart. Ihre Blicke voller Trauer und Verzweiflung. Ich wusste keinen Trost. Ich wusste keine Antwort. Ich konnte ihr nur das Gefühl geben, nicht allein zu sein.
Nein, eine solche Situation würde ich nicht mehrmals unbeschadet durchleben können, davon war ich fest überzeugt. Deshalb war ich nun entschieden dafür aufzugeben.
Was, wenn ein neuer Versuch ebenso endet? Schon diesmal haben wir Wochen gebraucht, um wieder aus der Depression und der Verzweiflung zu kommen. Meine beruflichen und ehrenamtlichen Verpflichtungen haben mir dabei sehr geholfen.
Und ich denke auch, es war gut, dass meine Frau berufstätig war. So konnte sich keiner von uns richtig „hängen lassen"!
Wieder einmal brachte ich die Adoption ins Gespräch. Aus unserer Umgebung fand ich zunehmend vorsichtige Unterstützung. Man war schließlich Zeuge des emotionalen Zusammenbruchs und fürchtete um das Schlimmste für uns.
Auf keinen Fall wollte ich mich ein zweites Mal Illusionen hingeben, die, wenn sie zerstört würden, uns selbst gefährlich werden könnten!

Doch meine Frau schien mir wie besessen von dem Gedanken an ein eigenes Kind zu sein. Sie wollte nicht irgendein Kind, sie wollte unser Kind! Ich hatte inzwischen manchmal Mühe, sie in ihrer Rigorosität zu verstehen.

In einem Punkt musste ich ihr Recht geben: die Ärzte hatten gesagt, es wäre großes Glück, wenn es tatsächlich beim ersten Mal gleich klappen würde.

Rein statistisch gesehen musste man mit etwa sechs Versuchen rechnen. Das hatten wir in unserem Wahn von den werdenden Eltern verdrängt.

So einigten wir uns auf ein neues Gespräch in Böblingen. Über die Bedeutung und die Auswirkung dieses Zugeständnisses war ich mir vollkommen im klaren. Ich hatte ihren Vorstellungen nachgegeben.

Aber diesmal sollte alles wirklichkeitsnah ablaufen. Zwanzig Prozent Chancen bedeuteten immerhin achtzig Prozent Wahrscheinlichkeit, dass man erfolglos bleibt. Und beim zweiten Versuch sind die Chancen nicht etwa 40%, sondern eben erneut 20%. Anders gesagt, der Erfolg ist jedes Mal das Unwahrscheinliche. Doch da Unwahrscheinliches nicht unmöglich ist, wird es sich irgendwann einmal ereignen. Aber keiner weiß wann!

Das ist die Hoffnung, die man haben kann.

Als wir wieder zu einigermaßen nüchternen Betrachtungen fähig waren, stellten wir fest, dass wir bisher kein Paar kennen gelernt hatten, bei dem es auf Anhieb nach Wunsch gelaufen wäre.

Zu unseren Abmachungen zählte bekanntlich, dass wir uns ein Limit setzten. Insgesamt höchstens sechs In-Vitro-Versuche, dann wollte auch meine Frau loslassen, versicherte sie. Und jetzt bloß keine Illusionen mehr, am besten die Sache so betrachten, als ob es gar nicht um uns

ginge - soweit dies möglich ist. Das sollte ein gewisser Schutz sein vor dem nächsten "Touch down". So gewappnet fuhren wir erneut nach Böblingen.
Wieder verlief zunächst alles sehr gut: Zellteilung im Reagenzglas, dann der Transfer der geteilten Zelle in den Mutterleib, was einer kleinen Operation gleichkam.
Natürlich keimte wieder Hoffnung auf. Und dann doch wieder die Keule: Regelblutung eingetroffen, alles wieder aus!
Meiner Frau erging es schlimmer als beim ersten Mal. Dagegen war ich diesmal ziemlich gefasst. Ich hatte sowieso nicht so recht daran geglaubt, dass es klappen würde. Aber Ingrid musste sich tatsächlich in ärztliche Behandlung begeben.
Was machen wir da eigentlich? Womöglich haben wir uns am Ende nur selbst ruiniert und doch kein Kind!
Ich bereute es sehr, dass ich mich auf sechs Versuche eingelassen hatte. Meine schlimmsten Befürchtungen schienen wahr zu werden.
Darüber konnte ich aber mit meiner Frau jetzt nicht sprechen. Der leiseste Versuch wurde mir sofort als Mangel an Liebe ausgelegt, als Gleichgültigkeit gegenüber ihren Wünschen und Sehnsüchten oder ich wurde recht schroff an unsere Abmachung erinnert. Und dann reagierte auch ich wieder gereizt.
So verloren wir die Fähigkeit, unser Problem miteinander zu besprechen, ohne einen Ehekrach zu riskieren. Eine ganze Zeit lang war nun unser größtes Problem gleichzeitig unser Tabuthema.
Nun war dies aber keineswegs so, dass da etwas verdrängt worden wäre. Im Gegenteil, das Reizthema stand ständig zwischen uns und beherrschte unseren Alltag und das ganze Zusammenleben. Es war also immer in unseren

Köpfen, aber wir haben nicht mehr miteinander darüber gesprochen, weil wir wussten, wir würden uns doch nur missverstehen. Hinzu kam, dass ich zunehmend unter dem unnatürlichen Sexualleben litt, das längst wieder von Fieberkurven und Arztterminen abhängig war und von allen möglichen Bedingungen, nur von einem nicht: den persönlichen Empfindungen!
Nein, so konnte es nicht weitergehen! Ich war bereit, die Verhältnisse zu akzeptieren, wie sie nun einmal sind. Ich war bereit aufzugeben. Ich hatte die Schinderei, die sich doch als sinnlos erwiesen hat, satt. Jede andere Lösung schien mir sympathischer als weiter zu machen. Die Sehnsucht nach einem Eheleben, wie in unseren ersten Jahren und wie wir es inzwischen nur noch von den Erzählungen anderer kannten, wuchs von Tag zu Tag.
Doch wenn ich nachts neben ihr lag und hörte, wie sie heimlich weinte, dann ahnte ich, was in dem Menschen, den ich liebe, vorging.
Was sie vor allem brauchte, das war Beistand und Unterstützung.

Sie 9

Wir blieben in Kontakt mit der Klinik in Böblingen bei Dr. Schwabel.
Aufgeben wollte ich nicht. So kam es 1986 zu einem weiteren Transfer. Leider missglückte auch dieser Versuch. Die Stimmung bei uns fiel auf den Nullpunkt.
Sollte doch alles vergebens sein? Alle bisherigen Anstrengungen, Entbehrungen, Schmerzen? Alle Ängste, Hoffnungen, Enttäuschungen? Sollte man adoptieren?

Die Jahre verrannen und allmählich würde man doch zu alt sein für ein Kind, aber auch für eine Adoption!
Diesmal war ich so weit, dass ich sogar Trost und Rat bei einer mir bekannten Nervenärztin suchte. Mit ihr hatte ich einige Jahre zusammengearbeitet, bevor sie sich als Neurologin selbstständig machte. Nach den üblichen Fragen, wenn man sich längere Zeit nicht mehr gesehen hatte, kam sie auf den Punkt. „So, jetzt erzählen Sie mal, was eine junge, starke Frau wie Sie zu mir führt." – „Also, so jung bin ich mit 39 Jahren ja nicht mehr und stark schon gar nicht. Sonst wär' ich jetzt nicht hier, wissen Sie." Ich musste unterbrechen. Sie ließ mir Zeit. Stockend fing ich erneut an. „Sie kennen doch meinen Kinderwunsch. – Da klappt einfach nichts! – Und jetzt bin ich am Ende – nervlich! Verstehen Sie?", presste ich meine Stimme durch den wie zugeschnürten Hals.
„Nachts kann ich nicht schlafen, weil ich mir dauernd Gedanken mache, warum es bei uns nicht klappt." Endlich wurde mein Hals freier. „ Alle Versuche, die wir bis jetzt unternommen haben, haben nichts gebracht. Nur Enttäuschung und nichts als Frust. Keiner kann uns sagen, an was es liegt. Keiner kann uns helfen. Es ist uns schon unangenehm, wenn wir Bekannte mit Kinderwagen in der Stadt treffen. Einladungen zu Freunden, die Kinder haben, sagen wir ab, wenn es irgendwie geht. Wenn in den Nachrichten von Kindesmisshandlungen berichtet wird, könnte ich schreien vor Wut, ‚Warum kriegen diese Bestien Kinder und wir nicht?' Bevor sie misshandeln, sollten sie ihre Kinder doch zur Adoption freigeben." – Ja würden Sie denn adoptieren? – Oh, je! Schon wieder diese heikle Frage. Statt einer Antwort zuckte ich zögerlich mit den Schultern. Als nichts weiter von ihr kam, nahm ich meine Rede wieder auf. „So kann es einfach nicht

weitergehen. Ich könnte den ganzen Tag lang heulen. Ich habe zu nichts mehr Lust. Ich habe keine Energie mehr. Alles strengt mich an.

Ich werde launisch und gehe den Anderen damit auf den Wecker. Das ärgert mich dann wieder und ich werde noch launischer. Ich bin einfach nicht mehr so, wie ich sein will und wie ich mich wohl fühle." – „Eine interessante Aussage, ‚Ich bin nicht mehr so, wie ich mich wohl fühle'," unterbrach und wiederholte sie mich. „Glauben Sie mir, mit einem Kind werden Sie sich auch nicht immer wohl fühlen. Wir haben vier und sie machen viel Arbeit und nicht selten auch Kummer und Sorgen. Aber ich will es nicht leugnen, wir haben auch viel Freude mit ihnen. Jedes ist anders und doch finden wir in jedem auch ein Stück von uns selbst." Bitte, bitte! Jetzt nichts weiter davon, dachte ich. Schnell fiel ich ihr ins Wort: „Hätten Sie nicht ein Mittel für mich, das mich gleichgültiger macht und mich meine Situation besser ertragen lässt?" – „Sicher, da kann ich Ihnen schon etwas verschreiben. Wenn ich mich nicht irre, habe ich sogar etwas hier." Sie rollte mit ihrem Stuhl zurück, öffnete eine Schublade ihres Arzneischranks hinter dem Schreibtisch und fingerte eine Packung heraus. „Die schenke ich Ihnen. Es ist ein homöopathisches Präparat. Probieren Sie es und halten Sie sich an die Angaben auf dem Beipackzettel. Wenn es nicht hilft, kommen Sie wieder. Und was Ihr eigentliches Problem angeht: Kopf hoch, Frau Brunotte! Ich bin sicher, dass es doch noch klappt mit dem Baby. Wenn Sie nur loslassen könnten! – Alles Gute für Sie und Ihren Mann."

Ich versuchte beim Abschied freundlich zu lächeln, doch ich glaube es war eher gequält. Ja, das sagt sich alles so einfach, doch wo ist nur der Knopf am Körper, auf dem

„loslassen" steht und den man nur zu drücken braucht?
Bevor ich nach Hause ging, kaufte ich mir noch etwas
Schönes zum Anziehen in einer Boutique. Jetzt fühlte ich
mich wirklich besser.
Das Präparat habe ich genommen. Manchmal hatte ich
den Eindruck, dass es wirkt, meistens aber habe ich keine
Wirkung verspürt. Zu meiner Ärztin bin ich jedoch nicht
mehr. Auch ohne Präparate schaffte ich es langsam wieder
aus dem Tief zu kommen. Ein verständnisvoller Partner
ist wirkungsvoller als jedes Arzneimittel!
Ich erinnerte mich des Zeitungsartikels, den ich
aufgehoben hatte: Vielleicht war er ja der Fingerzeig zum
Erfolg:

———————————————————————————

———————————————————————————

"Ein neues Verfahren zur künstlichen Befruchtung, die damit
im Körper der Frau selbst stattfinden kann, ist erstmals in
Deutschland mit Erfolg angewendet worden. Nachdem seit
Juni 1984 bereits sechs von 16 behandelten Patientinnen
schwanger geworden sind, stellte Professor Hermann Hepp,
Direktor der Frauenklinik bei München zusammen mit seinem
Team die Methode des „intratubaren Gametentransfers" der
Öffentlichkeit vor.
Gameten sind die Geschlechtszellen: die Spermien des Mannes
und die Eizellen der Frau. Bei der bisher in bestimmten Fällen
von Sterilität üblichen extrakorporalen Befruchtung wurde die
Verschmelzung von Eizelle und Spermium in Reagenzglas („in
vitro") vorgenommen. Ende 1984 konnte das Münchner Team
in San Antonio (Texas) ein neues tierexperimentelles Modell
studieren. Hier wurde eine Befruchtung innerhalb des Körpers
bei jedem dritten Rhesusaffen erreicht.

Erfolg bei 41jährigen

Im Rahmen einer gemeinsamen Studie an mehreren gynäkologischen Zentren der Welt applizierten die Münchner Frauenärzte einer immerhin schon 41 Jahre alten, seit acht Jahren verheirateten und, wegen einer Störung bei ihrem Ehemann, kinderlos gebliebenen Frau zwei ihrer eigenen reifen Eizellen zusammen mit 2oo ooo gesunden Spermien Ihres Mannes über einen Katheter in den Eileiter, den Ort der natürlichen Befruchtung. Am 2o. Tag nach diesem Gametentransfer war in der Gebärmutter eine Fruchthöhle feststellbar, die normal wuchs.

Daraufhin wurden 15 weitere Frauen, bei denen die bislang möglichen Therapie-verfahren trotz intaktem Eileiter nicht zur Schwangerschaft geführt haben, auf diese Weise behandelt. Die Eizellen werden nach hormoneller Vorbehandlung durch Follikelpunktion aus den Eierstöcken der Patientinnen gewonnen und noch während des gleichen operativen Eingriffs gemeinsam mit den Spermien des Ehemannes in den Eileiter eingeführt. Die am weitesten fortgeschrittene Schwangerschaft befindet sich jetzt in der 29. Woche.

Dennoch äußerten sich die Münchner Ärzte über die weiteren Aussichten des Verfahrens zurückhaltend. Die künstliche Befruchtung direkt im Eileiter, die auch die mit dem Begriff „Retortenbaby" verbundenen Vorstellungen abbauen könnte, wäre nach ihrer Meinung dann überzeugend, wenn die Vermutung bestätigt würde, dass bei vielen Fällen der ungeklärten Sterilität ein gestörter Eiauffangmechanismus vorläge.

Sterilität des Mannes

Ungeklärt ist noch, ob darüber hinaus auch die Schwangerschaftsrate bei rein andrologischer Sterilität (also wenn die Ursache der Unfruchtbarkeit ausschließlich beim Mann liegt) mit diesem Verfahren verbessert werden könnte. Dies wäre deshalb von besonderen Interesse, weil derzeit die

Erfolgsquote nach der Retortenbefruchtung in solchen Fällen eher niedrig ist.

In der Frauenklinik von Professor Hepp konnte bisher bei 13 von 81 Patientinnen durch die extrakorporale Befruchtung erzielt werden. Das erste Retortenbaby kam kurz vor Weihnachten 1985 zur Welt, zwei weitere Kinder sind inzwischen geboren."

Das war der Weg, den ich jetzt versuchen wollte. Mit dem Klinikum machte ich einen Termin für Anfang 1987 aus. Bis dahin die üblichen Messungen jeden Morgen vor dem Aufstehen. Die Wartezeit verbrachten wir in der Ferienzeit in einem Land, das es uns immer wieder hinzieht, Frankreich: Provence und Côte d'Azur. Museumsbesuche, Chagall, Renoir, Picasso, Cézanne, Míro, Max Ernst.

Diese Künstler, die Freunde in der Partnerstadt Digne les bains, andere interessante Städte und begnadete Landschaften, Strand und Meer lenkten uns vom Gedanken ans Kinderkriegen vorübergehend ab.

Im Januar 1987 war es dann soweit. Wir sollten uns im Klinikum bei München vorstellen. Das Tief von 1986 war endgültig überwunden und der Hoffnung auf den ersehnten Erfolg gewichen. Mein erster Eindruck war aber eher ernüchternd. Die Größe und Hektik in diesem Krankenhaus wirkte auf mich abstoßend und kalt. Im Vergleich zu Böblingen kam mir hier alles unpersönlich vor. Ich fühlte mich fast wie in einem Ameisenhaufen.

Die Menschen waren zwar freundlich, aber stets in Eile. An Stelle eines Gespräches drückte man uns Blätter in die Hand, um uns zu informieren:

DER INTRATUBARE GAMETENTRANSFER

Das Prinzip des intratubaren Gametentransfers besteht im Einführen von Eizellen und Spermien (= Gameten) in die Eileiter der Patientin.

Die Eizellen werden nach hormoneller Vorbehandlung bei einer Bauchspiegelung aus den Eierstöcken der Patientin gewonnen und noch während des gleichen operativen Eingriffs gemeinsam mit den Spermien des Ehemannes durch einen Katheter in die Eileiter eingeführt. Im Gegensatz zur extrakorporalen Befruchtung findet die Verschmelzung von Eizelle und Spermium nicht im Reagenzglas, sondern im Eileiter, dem Ort der natürlichen Befruchtung, statt.

Der intratubare Gamententransfer ist eine Behandlungsmethode für Patientinnen mit langjähriger Kinderlosigkeit, bei denen die bislang möglichen Therapieverfahren trotz intakter Eileiter nicht zur Schwangerschaft geführt haben. Bei Vorliegen der sogenannten unerklärbaren langjährigen Sterilität und bei einigen Formen männlicher Fruchtbarkeitsstörungen setzen wir dieses Verfahren ein. Die erzielten Schwangerschaftsraten sind hoch.

Der Ablauf der Behandlung gestaltet sich folgendermaßen:
Vom 3. Zyklustag an erhält die Patientin täglich Hormonspritzen (z.B. Humegon, Pergonal oder Fertinorm), täglich erfolgt auch eine Blutentnahme morgens zur Hormonanalyse (Östradiol 17 ß). Am 8. Zyklustag wird zusätzlich morgens durch tägliche Ultra-Schalluntersuchungen das Wachstum der Eibläschen (Follikel) in den Eierstöcken kontrolliert. Bei einer bestimmten Bläschengröße und gleichzeitig optimaler Hormonkonzentration im Blut wird der Eisprung durch eine

spezielle Hormonspritze (Predalon,. Pregnesin) abends bzw. nachts ausgelöst. Die Bauchspiegelung zur Eizellentnahme und zum Einführen der Eizellen und Samenzellen in die Eileiter findet am Mittag des übernächsten Tages statt - ca. 36 bis 38 Stunden nachdem nachts durch Predalon oder Pregnesin der Eisprung in Gang gesetzt wurde. Am Morgen der Bauchspiegelung muß die Aufbereitung des frisch gewonnenen Samens in unserer Klinik erfolgen.

Einen Tag nach der Bauchspiegelung darf die Patientin bei unauffälligem Verlauf die Klinik bereits wieder verlassen.

Nach der Entlassung aus der Klinik benötigen wir nach festgelegtem Plan Blutproben zum frühzeitigen Nachweis des Schwangerschaftshormons. Außerdem sind unter Umständen Hormonspritzen zur Behandlung der 2. Zyklushälfte notwendig.

Mit den folgenden Zeichnungen von der Stimulation der Follikel bis zum Transfer von Ei- und Samenzellen in den Eileiter haben wir uns den Vorgang verdeutlicht:

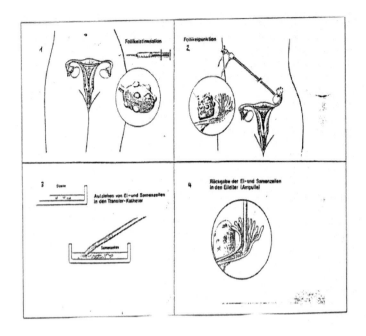

Ein zweiter Termin in München war natürlich notwendig. Entgegen den Hinweisen in den Info-Blättern konnte jedoch alles so hervorragend organisiert werden, dass ich nur „stundenweise stationär" behandelt werden musste. Das heißt, wir konnten noch am selben Abend die Rückreise antreten. Ohne enge Zusammenarbeit mit meinem „Hausgynäkologen" wäre dies allerdings nicht möglich gewesen.

Inzwischen hatte eine meiner Tante einem süßen kleinen Jungen das Leben geschenkt und ich durfte Taufpatin werden. Dafür gab es viele Bewerber und so erfüllte es mich mit großem Stolz, „auserwählt" zu sein. Und als Patin hatte ich doch Verantwortung oder mindestens eine Mitverantwortung für ein junges Leben. Jedenfalls habe ich mit der Übernahme der Patenschaft mein Einverständnis dafür gegeben, Verantwortung zu tragen. Wurde das kleine, goldige Wesen dadurch nicht auch „mein Junge"? Es war ein unbeschreibliches Gefühl, als ich „mein" Kind übers Taufbecken hielt! Seht her, wie gut ich das kann. Mir ist dieses Kind anvertraut. Und ich werde dieses Vertrauen in einer Art und Weise rechtfertigen, dass ihr alle staunen werdet! Ob man mir die Gedanken ansah? Meine Mutter bemerkte sie: „Du wusstest ja vor lauter Stolz gar nicht, wie du den Kleinen halten solltest. Ich hatte schon Angst, du würdest platzen. Wie soll das erst werden, wenn dein eigenes Kind einmal getauft wird?"

Das hätte nun wirklich nicht sein müssen, dieser uncharmante Hinweis darauf, dass mein Taufkind nicht mein eigenes Kind ist. Selbst meine wohlgesonnenen nächsten Verwandten zeigten nicht immer Feingespür und Einfühlsamkeit. Ich wandte mich ab, um niemandem meine feuchten Augen zu zeigen. Doch schnell hatte ich mein kleines Tief überwunden und erlebte einen unbeschwerten, schönen Tag.

In dieser Nacht hatte ich einen höchst seltsamen Traum. Er fing sehr gut für mich an: ich war nämlich schwanger! Neun Monate kostete ich diesen Zustand aus und beobachtete mit zunehmendem Stolz meinen wachsenden Bauch.

Die Geburt nahte heran. Die Spannung stieg. Wird das Kind auch gesund sein? Was wird es wohl werden? Wem wird es ähnlich sehen? Die ersten Wehen setzten ein. Ich spürte ganz deutlich den Schmerz.

Aber was war das? Niemandem sah das Kind ähnlich. Denn es war – ein Huhn!

Kaum war es da, als es auch schon auf und davon flatterte! In meiner Verwirrung hatte ich nur einen Gedanken:
Vielleicht wird es beim nächsten Mal etwas mit der Geburt eines gesunden Babys!
Der Traum sollte mich noch sehr lange beschäftigen, denn er hatte etwas Schockierendes. War er nicht ein Hinweis auf die Gefahr, ein krankes Kind zur Welt zu bringen? Bei meiner Vorgeschichte! Und immerhin war ich inzwischen schon fast Vierzig.
Die Ängste, die nun in mir geweckt waren, ließen es mich tatsächlich leichter ertragen, dass auch der Gametentransfer in München erfolglos geblieben ist.
Eine Fernsehsendung über kinderlose Ehepaare und deren erfolgreiche Behandlung in Ulm brachte uns auf die Idee, einmal anzurufen, um zu sehen, ob man uns vielleicht dort weiterhelfen könne. Noch für Ende Februar bekamen wir überraschend die Möglichkeit, uns vorzustellen. Das Gespräch verlief allerdings für uns enttäuschend. Die Vorschläge, wie den Alltag hinter sich lassen, abschalten, sich nicht darauf versteifen, die Dinge an sich herankommen lassen, klangen weder neu, noch originell. Überraschend war allenfalls der Vorschlag, in eine Großstadt zu ziehen, denn wir seien eigentlich typische Stadtmenschen.

Er 9

Nur gut, dass es uns auf Urlaubsreisen immer wieder gelang, unser Innenleben zu stabilisieren. Das waren stets herrlich unbeschwerte Zeiten. Danach konnte es wieder weitergehen. So auch dieses Mal.
Zur Abwechslung versuchten wir es mit einem Methoden-

wechsel, dem so genannten Gametentransfer. Hier findet die künstliche Befruchtung innerhalb des Körpers statt, und zwar mit verhältnismäßig guten Aussichten auf einen Erfolg, sogar bei über 40-Jährigen.
Das mag für andere zutreffen, uns brachte der Ausflug in den Münchner Raum nur eine weitere Enttäuschung.
Misserfolge waren natürlich jedes Mal schlimm, aber zur Verwunderung von uns beiden stellte sich nun so eine Art Routine im Verkraften von Enttäuschungen ein. Jedenfalls steckten wir alle beide die Münchner Niederlage erstaunlich gelassen weg. Mir kam es zeitweilig sogar so vor, als ob meiner Frau selbst Zweifel gekommen wären, auf dem richtigen Weg zu sein.
Da kam sie mit der Nachricht, es gebe nun auch ganz in der Nähe eine private Klinik, die extracorporale Befruchtungen vornehmen würde, nämlich bei Würzburg.

Sie 10

Im Jahr 1987 sollten sich die Ereignisse überstürzen. Kaum hatten wir Zeit, uns über die Ulmer Erlebnisse zu ärgern, da überraschte uns ein neuer Zeitungsartikel.
Das "Erlanger Team" um Prof. Trotnow hatte aufgehört zu existieren. Die Biologin aus diesem Team war zusammen mit ihrem Ehemann, ebenfalls Biologe, von der Uniklinik in eine private Arztpraxis gewechselt. Und wo war diese Praxis? Bei Würzburg! Ganze 40 km von Bad Mergentheim entfernt. Das war unsere Chance vor der eigenen Haustüre!
Um meine Ruhe war es geschehen. In diesem Zeitungsartikel wurde die Meinung vertreten, wer in die Praxis bei Würzburg komme, habe nach endlosen Untersuchungen, Behandlungen, Therapien und Schicksalsschlägen nur

noch einen einzigen Strohhalm, an den er sich klammern könne, nämlich diese Praxis. Sie sei die "Instanz zur letzten Hoffnung". Hier finde der "Countdown" für das Elternglück statt.
Die Biologin wird in dem Bericht als die zweite Mutter Olivers, des ersten deutschen Retortenbabys, beschrieben, nach deren erfolgreicher Methode man inzwischen in aller Welt arbeite.
Diese Frau hat das Schicksal extra für mich nach Würzburg geschickt, damit uns endlich geholfen werden konnte. So kam es mir vor. Nichts wie hin!

Er 10

Nach unserer Abmachung waren noch bis zu drei Versuche möglich. Nach der Berechnung meiner Frau waren es freilich noch vier, weil sie den Gametentransfer in München nicht mitzählen mochte.
Den wahren Grund für die Unfruchtbarkeit, die Infertilität oder auch Sterilität, wie sich die Ärzte auszudrücken pflegten, kannten wir übrigens immer noch nicht. „Ungeklärter unerfüllter Kinderwunsch", das waren wir als medizinischer Fall. Ein mir höchst unbefriedigender Zustand, war es doch immerhin denkbar, dass die ganze Tortur, der wir uns freiwillig ausgesetzt haben und noch aussetzen wollten, gar nicht nötig wäre. Für mich wäre es auch schon ein Fortschritt gewesen, hätten wir eines Tages sagen können: geklärter unerfüllter Kinderwunsch! So wurde ich zum Motor unserer eigenen, amateurhaften Ursachenforschung, die wir neben unseren „Versuchen" betrieben. „Versuche" nannten wir inzwischen im Familienjargon die In-Vitro-Fertilisation.

Nie traf unser geflügeltes Wort von den Reisenden in Sachen Babywunsch mehr zu als jetzt. Bald waren wir in Würzburg, bald in Ulm, bald in Mannheim, um nur einige wenige Stationen zu nennen. Weitergebracht hat es uns leider nicht. Im Gegenteil – warum wir einfach kein Kind bekamen, wurde eigentlich immer mysteriöser! Zwar wurden bei grundsätzlicher "Normalität" mehrmals kleinere Defekte bei ihr und mir entdeckt, die aber behoben werden konnten. Doch der behobene Defekt führte nicht zum Kindersegen, so dass die Frage nach dem Warum niemals beantwortet werden konnte - bis heute nicht!

Ich machte mir zunehmend Sorgen wegen der Hormonbehandlungen, denen sich Ingrid jedes Mal unterziehen musste. Ich selbst blieb davon zwar auch nicht ganz verschont, doch standen meine zusätzlichen Hormonmengen in keinem Verhältnis zu denjenigen meiner Frau. Da die Ärzte mir nur antworten konnten, bisher lägen keine Erkenntnisse vor, die meine Bedenken hinsichtlich einer möglichen gesundheitlichen Schädigung meiner Frau stützen könnten, begann ich wieder einmal damit, mich mit entsprechender Fachliteratur einzudecken, um eventuell hier Hinweise zu erhalten über mögliche Nebenwirkungen bestimmter weiblicher Hormone auf Frauen. Schließlich war ja auch die Art der Hormonbehandlung ziemlich neu, so dass der Hinweis auf die fehlenden Erkenntnisse mich nicht sonderlich beruhigte. Wahrscheinlich ging ich mit meinen Bedenken und mit dem angelesenen Wissen manchem Facharzt ganz schön auf die Nerven. Das war mir aber das weitaus kleinere Übel gemessen an einer möglichen dauerhaften Gesundheitsschädigung.

Nicht ohne Stolz kam ich wieder auf meine Serie von selbst entwickelten, bildlichen Darstellungen des weiblichen Zyklus zurück und ergänzte sie um schriftliche Erläuterungen wann, wo, welche Hormone in welcher Quantität aktiv werden und was sie bewirken. Meine Frau ließ mich auch diesmal gewähren. Doch wiederum hielt sich ihr Interesse ebenso in Grenzen wie ihr Verständnis für mein Tun. Zumindest hatte ich dieses Gefühl und diese Gleichgültigkeit war mir schon sehr befremdlich, denn schließlich ging es doch um ihre Gesundheit! Die Zeichnungen verstaute ich in der Schublade meines Nachttischschränkchens. Von Zeit zu Zeit holte ich sie hervor, um meine Kenntnisse wieder aufzufrischen. Gelegentlich gelang es mir sogar, Ingrid mit Hilfe meiner Darstellungen etwas zu erläutern und verständlich zu machen. Im Nachttisch lagerten sie jahrelang griffbereit. Doch eines Tages fand ich sie nicht mehr. <u>Ich</u> hatte sie nicht herausgenommen!

Das Ergebnis meiner Recherchen blieb unklar. Besonders wahrscheinlich erschienen mir Spätfolgen zwar nicht, aber ganz auszuschließen waren sie nach meinem Verständnis der Dinge leider auch nicht. So war ich tatsächlich etwas ruhiger, aber nicht richtig beruhigt!

Sorge bereitete mir außerdem ihr zunehmender und schließlich beinahe grenzenloser Optimismus und ihre große Hoffnung, die sie in die Klinik bei Würzburg setzte. Ich konnte überzeugende und objektive Gründe dafür nicht sehen, warum ausgerechnet in Würzburg gelingen sollte, was bisher misslungen war. In aller Behutsamkeit versuchte ich deshalb, ihre plötzliche Euphorie ein wenig zu bremsen, denn ich sah eine Katastrophe auf uns zukommen.

Die Wahrscheinlichkeit des Erfolgs lag auch in Würzburg, wie damals in ganz Deutschland, bei ungefähr 20 Prozent, das Scheitern dagegen hatte eine Wahrscheinlichkeit von etwa 80 Prozent. Sicherlich, sie gab mir recht, doch sie erzählte mir gleichzeitig etwas von weiblicher Intuition und schwärmte mir von einer Biologin vor, der „Zweitmutter" des ersten deutschen Retortenbabys Oliver. Mit großem Eifer sammelte sie Zeitungsausschnitte, die ihre Haltung zu bestätigen schienen, um sie mir vorzulegen. Welt verkehrt: ich, der Optimist in unserer Beziehung, geriet unversehens in die Rolle des Bedenkenträgers, des Zagenden und Verzagten. Sie, der geborene Pessimist, blieb von meinen Bedenken unbeeindruckt und bereitete unser Würzburger Abenteuer vor, zielstrebig und unverdrossen.

Sie 11

Die Privatpraxis bei Würzburg war wirklich zum Wohlfühlen. Und das Biologenpaar im Labor erwies sich als „Tüpfelchen auf dem I". Sofort bekam ich einen Termin für die „In-Vitro-Fertilisation". Zur Frau des Biologen entwickelte ich sehr schnell ein tiefes Vertrauen. Dabei war es sicher wichtig, dass sie mir von Anfang an sympathisch gewesen ist. Ich baute auf sie! Richtig gut fühlte ich mich und war bester Stimmung. Hier wird nun endlich mein Babywunsch in Erfüllung gehen, dachte ich. Die mir inzwischen vertrauten Vorbereitungen wie Hormonspritzen und Temperaturmessungen begleiteten wieder meinen Alltag. Diesmal wird nichts schief gehen, ich fühlte es. Jeder Zweifel wurde unterdrückt, nur noch Angenehmes ließ ich auf mich wirken. So kam der Tag der Follikelentnahme.

Man beglückwünschte mich, denn groß und kräftig wirkten sie auf dem Monitor. Ich war zuversichtlich und sehr, sehr glücklich! Auch bei meinem Mann war alles in Ordnung. In gehobener Stimmung machten wir uns auf den Heimweg. Manche anderen Paare in unserer Situation mussten bereits im Vorfeld die Segel streichen und waren natürlich deprimiert. Wir litten mit ihnen, aber war unser Erfolg nicht ein Zeichen dafür, dass es diesmal tatsächlich klappen wird? Einmal mussten wir doch erfolgreich sein. Noch besser wurde die Stimmung, als wir bald darauf einen Anruf erhielten. Gleich zweimal fanden bei unseren „Hochzeitern", den mit dem Sperma vereinten Eizellen, regelmäßige Zellteilungen statt. Wir sollten uns zum Transfer einfinden. Alles verlief glatt, wenn auch unter Schmerzen.

Auf der Rückfahrt unterhielt ich mich sehr angeregt mit Klaus - Dieter, der mir so nah wie noch nie erschien. Ich machte Pläne mit "unserem Kind" und merkte nicht, dass er zurückhaltend reagierte. Denn er hatte es geahnt. Der Monat war noch nicht zu Ende, da stellte sie sich ein: die Regelblutung!

Wieder war alles umsonst und vorbei, diesmal für immer. Vorbei die Hoffnungen, das Glücksgefühl, vorbei auch das Warten und Bangen.

Entsetzliche Gewissheit – Es war wieder nichts!

Jetzt wollte und konnte ich nicht mehr!

Er 11

Ich behielt recht und jetzt brauchte sie mich sehr. Das war mir schon vorher klar.

Und diesmal – endlich – hatte ich sie so weit, dass sie loslassen wollte. Sie sagte es mir unter Tränen. Aber sie

sagte es überzeugend: Es gibt auch ein Leben ohne Kinder, wenn es denn sein muss. Sie atmete tief durch und konnte dabei sogar leicht lächeln. Ja natürlich, ein Kind wäre eine schöne Alternative und eine wunderbare Aufgabe für uns beide. Aber wir können das Glück nicht erzwingen, und deshalb machen wir uns jetzt das Leben so schön wie möglich – ohne Kind!
Ich staunte über ihre Kraft, mit der sie den neuerlichen Keulenschlag wegsteckte. Ich staunte noch mehr über ihre Einsicht.
Jetzt konnte ein neuer Lebensabschnitt beginnen, ohne den Stress mit dem Kinderkriegen. Vielleicht klappt es ja dann doch noch einmal auf ganz alltägliche und unspektakuläre Weise.

Sie 12

Bald änderte sich dieser Zustand wieder. Eine Kämpferin wollte ich sein und nicht kapitulieren!
Im folgenden Monat war ich wieder in der Praxis und bekam zusätzlichen Mut zum Weitermachen von meiner Freundin im Labor.
Ein bisschen überrascht war ich schon, so viele Ehepaare mit dem gleichen Schicksal zu treffen, für die alle die Privatpraxis die „Instanz zur letzten Hoffnung" war. Darunter sogar Paare aus anderen Ländern und Kulturkreisen.
Eine Frau moslemischen Glaubens ist mir in besonderer Erinnerung. Sie wurde nämlich auf Schritt und Tritt von nicht weniger als drei Männern „bewacht", damit auch wirklich alles mit rechten Dingen zuging.
Interessanten Leuten konnte man hier begegnen. Und alle hatten denselben Wunsch. Und alle hatten ein ähnliches

Schicksal. Wenn Frauen weinend aus dem Arztzimmer kamen, war auch mir zum Heulen zumute. Wer konnte sich besser in ihre Lage versetzen als ich?
Also doch: ein neuer Versuch sollte gemacht werden. Aus innerer Zustimmung ließ ich ihn geschehen und machte mir keine Gedanken wegen der vielen Hormonzugaben. Jede mögliche negative Nebenwirkung verdrängte ich.
Auch der zweite Transfer konnte, wie schon der erste, erfolgreich durchgeführt werden. Und wieder hieß es warten. Und wieder kam der Tag der Offenbarung.
Und wieder war ich zutiefst erschüttert und am Boden zerstört.
Zu meiner Trauer gesellte sich nun noch die Angst, dass das Biologenehepaar womöglich Würzburg verlässt. Gerüchte darüber wollten nicht verstummen.
Waren es nicht sie, die alles so wunderbar leiteten und zu denen ich uneingeschränktes Vertrauen entwickelt hatte, trotz der bisherigen Misserfolge?
Die Gerüchte sollten sich als wahr erweisen. Die Biologen wollten von Würzburg an den Chiemsee wechseln. Da tat nun Eile Not. Schnell noch einen dritten Versuch in Würzburg! Einmal muss es doch klappen, gerade jetzt mit den kompetenten und sympathischen Biologen!
Und wieder hatten wir einen erfolgreichen Transfer! Und wieder war es schließlich doch ein neuer Misserfolg!
Wieder war ich am Boden! Und alles umsonst.
Viel später, im Winter 97/98, fiel mir zufällig folgender Artikel in die Hände:

Donnerstag, 12. Februar 1998

Vorwurf Steuerhinterziehung

Weiteren Arzt verhaftet
Gynäkologe soll Frauen Behandlung vorgegaukelt haben

Würzburg. Gegen einen dritten Würzburger Frauenarzt ermittelt die Justiz. Bereits seit zwei Monaten sitzen zwei Ärzte unter anderem wegen des Verdachts auf Abrechnungsbetrug in Millionenhöhe und Steuerhinterziehung in Untersuchungshaft (wir berichteten).
Im aktuellen Fall werfen die Ermittlungsbehörden dem betroffenen Gynäkologen ebenfalls Steuerhinterziehung in Millionenhöhe vor. Außerdem soll er 1986 bei mehreren Patientinnen eine Behandlung abgerechnet haben, die gar nicht vorgenommen wurde.
Den entscheidenden Hinweis erhielten die Ermittler von einem Biologenehepaar, das in der Praxis des Arztes gearbeitet hatte. Hier wurden „Embryonentransfers" vorgenommen, bei dem die Mediziner eine im Reagenzglas befruchtete Eizelle wieder in den Körper der Frau einsetzen. Nach Angaben der Biologen hat der Arzt bis zu 100 Frauen vorgegaukelt, befruchtete Eizellen eingepflanzt zu haben, obwohl es nie zu einer Befruchtung gekommen war. Die betroffenen Frauen hofften auf Kindersegen und die Krankenkassen zahlten 3100 bis 3500 Mark pro Fall.
Wegen der fünfjährigen Verjährungsfrist ist eine Strafverfolgung wegen Betrugs allerdings nicht mehr möglich. Die Staatsanwaltschaft will aber prüfen, ob es solche

Betrugsfälle auch nach 1992 gegeben hat. Am Wochenende hat die Polizei den Arzt in seinem Privathaus verhaftet.

Ich konnte es nicht fassen. War vielleicht dies der tiefere Grund, weshalb mein Biologenehepaar so überraschend Würzburg verlassen hatte? Stammte der im Artikel erwähnte „Hinweis" vielleicht von ihnen? Was sind das bloß für profitgierige Menschen, die ohne Skrupel mit dem Schicksal anderer kriminelle Geschäfte machen! War ich vielleicht selbst unter den Frauen, denen man nur vorgegaukelt hat, befruchtete Eizellen implantiert erhalten zu haben?
Genau genommen interessiert dies mich heute nicht mehr so sehr. Denn dieses Kapitel ist für mich abgeschlossen.

Er 12

Es dauerte nicht sehr lange, bis ich bemerkte, dass sie den Vorsatz, loslassen zu wollen, der sicher zunächst ernst gemeint war, innerlich sehr schnell wieder aufgegeben hatte.
Und es dauerte auch nur etwa einen Monat, bis wir doch wieder in der Praxis bei Würzburg saßen. Nichts war es mit einem neuen Lebensabschnitt. Der alte Trott ging weiter.
Über Ingrid konnte ich nur noch staunen. Woher nahm diese Frau bloß die Kraft, das alles wegzustecken, was wir schon an Misserfolgen einstecken mussten und nicht zu resignieren? Im Gegensatz zu mir hielt sie unbeirrt und allen Rückschlägen zum Trotz geradezu stur an unserem

Wunschtraum, Eltern zu werden, fest. Eine mich zufrieden stellende und überzeugende Begründung dafür konnte sie mir nicht geben. Deshalb mischten sich in meine Bewunderung für sie auch Bedenken und Ängste. Ich fragte mich, bis zu welchem Punkt ich bereit sein kann, „ihren" Weg mitzugehen, auch gegen meine eigenen Überzeugungen. Auf keinen Fall wollte ich, dass wir in einer gewissen Art von Nibelungentreue sehenden Auges in unseren eigenen Untergang stolpern. Ich wollte mich aber auch nicht dem Vorwurf aussetzen, nicht alles versucht zu haben, um ihren sehnlichsten Wunsch zu erfüllen. Allerdings wurde ihr unbedingtes, fast fanatisches Festhalten am Ziel, ein eigenes Kind zu haben, allmählich doch zu einer Belastung in unserer Beziehung zueinander. Ihre Haltung, die ich früher noch uneingeschränkt bewunderte, erschien mir nun eher als rigoros und auch ein wenig rücksichtslos in Bezug auf unsere Gesundheit und unser Zusammenleben. Sogar die Gefahr der physischen Verstümmelung und der psychischen Selbstzerstörung schien sie ja offensichtlich in Kauf zu nehmen! Das war mir unverständlich und entfernte sie ein Stück weit von mir. So sehr ich früher fürchtete, den Grund für unsere Kinderlosigkeit zu erfahren, weil er ja auch bei mir liegen konnte, so sehr wünschte ich inzwischen, dass uns irgendjemand endlich einen plausiblen Grund für all die erfolglosen Bemühungen nennen würde. Ich wollte wissen, woran wir sind. Nur diese Sicherheit, so hoffte ich nun, könnte Ingrid umstimmen. Auch die deprimierendste Information wäre mir jetzt wie eine Befreiung vorgekommen. Von Mal zu Mal schwand mir die Hoffnung, dass alles ein gutes Ende nehmen könnte.
Aber von ärztlicher Seite kam keine Unterstützung für mich. Nach wie vor blieb unsere Kinderlosigkeit unge-

klärt. Es keimte keine Erkenntnis, weshalb das Bemühen umsonst sein sollte. Und deshalb war auch nicht damit zu rechnen, dass Ingrid ihre Haltung ändern würde.
Es war zum Verzweifeln: Die Ärzte machten uns jedes Mal aufs Neue in Ungewissheit verpackte Hoffnungen.
Doch mit unserem Schmerz, wenn es nicht geklappt hatte, mussten wir immer allein fertig werden.
Schlimmer noch: Wir mussten fürchten, dass uns nach und nach Verwandte und Freunde meiden. Auf die Dauer ist auch eine noch so harmonische Verwandtschaft und der Freundeskreis, auch wenn er verständnisvoll reagiert, mit dem Trostspenden überfordert.
Es kam nun plötzlich vor, dass unsere Freunde sich trafen, aber ohne uns. Man habe geglaubt, wir hätten keine Zeit, sagten sie.
Ähnliches ereignete sich in der Verwandtschaft. Ich war mir sicher, dass man uns gerne ein wenig aus dem Weg ging, etwa der Situation bei Trauerfällen vergleichbar.
Wie sollten wir nun damit umgehen? Wir waren in Gefahr, uns mit unserem Problem zu isolieren!
Der Ausweg hieß: „Unser Thema" durfte in Gesellschaft von uns nicht mehr angesprochen werden. Und wenn wir danach gefragt würden, dann mussten wir es so nieder wie möglich hängen.
Niemand sollte in Zukunft mit unseren Sorgen behelligt werden!
Gott sei Dank hatten wir in Würzburg eine für uns sehr bedeutsame neue Bekanntschaft gemacht: Zwei Biologen, verheiratet und Spezialisten für die "In-Vitro-Technik". Sie begleiteten uns sehr einfühlsam bei unserer Trauerarbeit!

Dort konnten wir alles besprechen, was uns belastete und sonst so durch den Kopf ging. Mit Ihnen trafen wir auf Profis mit Herz und Verständnis, ein seltener Glücksfall! Deshalb haben sich meine Befürchtungen, dass mit der Zeit alles immer schlimmer werde, nicht bestätigt.
Im Gegenteil, auch mir gelang es allmählich wieder besser, mit den Tiefschlägen zu leben und doch nicht aufzugeben. Durch die Gespräche mit den beiden Biologen gewann ich neue Einblicke und mehr Vertrauen und näherte mich so der Sichtweise meiner Ingrid wieder an. Wenn es in diesem Zusammenhang so etwas wie **eine Krise in unserer** Beziehung gegeben hatte, so konnte sie, denke ich, als überwunden gelten.
Die Grundstimmung im Hause Brunotte wurde wieder optimistisch, auch wenn die Erwartung, tatsächlich noch eines Tages Vater zu werden, eher gering blieb. Eine vage Hoffnung erstreckte sich auf eine unbestimmte, mehr in der Ferne liegende Zukunft, gestützt auf das Wissen und die Kunstfertigkeit der beiden Biologen. Konnte ich wirklich noch Vater werden in einer in der Ferne liegenden Zukunft? Allzu fern durfte sie nicht mehr sein. Hatten wir doch inzwischen immerhin schon das Schwabenalter von 40 Jahren erreicht.
Der Schock saß tief, als wir erfuhren, dass unser befreundetes Biologenpaar Würzburg verlassen wollte.

Sie 13

War es möglich, den Biologen zu folgen?
Wir machten es möglich!
Unser neuer Hoffnungsträger, eine Klinik am Chiemsee, hatte schon 1986 auf dem Gebiet der extracorporalen Befruchtung einen aufsehenerregenden Erfolg vorzu-

weisen: Ein gesundes Zwillingspaar betrat mit Hilfe der modernen Methoden die Weltbühne.

Das Labor dieser Klinik leiteten nun meine beiden Diplombiologen! In Zeitungsberichten war die Rede von einem Labor, das nach den neuesten technischen Errungenschaften eingerichtet sei.

Es dauerte nicht sehr lange, bis ich diese neue Wirkungsstätte persönlich kennen lernen konnte. Sie gefiel mir schon von außen und erweckte auch im Innern mein Vertrauen.

Ganz in der Nähe des Klinikums bezogen wir ein Zimmer in einem properen Bauernhof. Hätten wir nicht täglich den Arzt aufsuchen und Untersuchungen über uns ergehen lassen müssen, wir wähnten uns im Urlaub, zumal in dieser wunderschönen landschaftlichen Umgebung!

Es mag hilflos und ein wenig naiv erscheinen, aber bei unseren Streifzügen entlang des Chiemsees kamen wir auch einmal an eine kleine Dorfkirche, die uns schon aus der Ferne mit ihrem Glockenschlag zu sich rief. Sie gefiel uns und wir gingen hinein. Neben dem Altar flackerten viele Kerzen, die uns wie magisch anzogen. Ohne ein Wort zu sagen nahm ich eine neue Kerze aus dem Kasten, brannte sie an, steckte sie in den dafür vorgesehenen Halter und spendete den erwünschten Geldbetrag. Meine Blicke trafen sich mit denen von Klaus - Dieter; mir schossen die Tränen in die Augen. Wir sagten kein einziges Wort, aber ich hatte das Gefühl, er wusste genau, was gerade in mir vorgegangen war:

„Erhöre mich doch, Gott! Erfülle mir bitte den Wunsch nach einem Baby! Ich flehe dich an! Warum lässt du Frauen schwanger werden, die das nicht wollen? Und mich nicht, wo ich das doch so sehnsüchtig will? Habe ich vielleicht zu wenig Geduld oder denke ich zu sehr an

mich? Aber muss ich denn dafür so hart bestraft werden? Habe doch bitte Verständnis und erhöre mich!"
Das war mein inneres Gebet; und die Kerze war das äußere Symbol für den Hilfeschrei!
Die ganze Gegend tat mir wohl. Für uns stimmte hier alles. Unter diesen Umständen verstanden wir beide uns besser denn je.
Wieder einmal nahte die Entnahme der Follikel. Denn ihr Wachstum entwickelte sich, wie schon so oft, sehr zufrieden stellend. Schließlich transferierte man mir zwei gut entwickelte und in der Teilung regelmäßige Eizellen. Ähnliches Glück hatte übrigens auch meine dortige Bettnachbarin. Sie erzählte mir von ihrer Verwandtschaft, die nicht wissen durfte, dass sie ein solches Unternehmen durchführte, weil sie verständnislos und ablehnend reagieren würden. Was für ein Unglück, dachte ich, sich auch noch nach den Wünschen der Verwandtschaft richten zu müssen. Ist man denn mit der unerwünschten Kinderlosigkeit nicht schon genug gestraft? Muss denn da noch die Verwandtschaft wie eine Seuche über einen kommen?
„Machst du eigentlich immer, was die Angehörigen von dir verlangen?", platzte es aus mir heraus. Das war natürlich dumm von mir und falsch, aber es war schon gesagt. Prompt kam die Antwort einer Beleidigten: „ Dann wäre ich jetzt wohl kaum hier. Ich habe, denke ich, gerade gesagt, meine Verwandten zeigen für eine In-vitro-Schwangerschaft *kein Verständnis.*" Auweia, das ging ganz schön daneben! „Tut mir wirklich leid. Das war eine blöde Frage von mir. Ich wollte wirklich nicht beleidigend wirken. Kannst du mir verzeihen?" – „Schon gut! Ich find' auch nicht immer die passenden Worte." Na Gott sei Dank, das ist noch mal gut gegangen. Ich lächelte zu ihr hinüber. „Eigentlich wollte ich wissen, wie deine Ver-

wandten ihre unverständliche Haltung begründen. Vielleicht find' ich sie ja dann nicht mehr ganz so unsympathisch wie jetzt." Sie zögerte mit der Antwort und ich hatte das Gefühl, dass es ihr schwer fiel, so persönliche Dinge auszuplaudern, vielleicht auch nur, weil wir uns noch nicht so lange kannten und ich vorhin nicht gerade meine beste Visitenkarte abgegeben hatte. Ich kam ihr entgegen. „Du musst natürlich nichts sagen, wenn du nicht willst. Aber du sollst auch wissen, dass du mir vertrauen kannst, wenn du nicht willst, dass andere etwas davon erfahren." Langsam begann sie zu sprechen: „Weißt du, bei uns ist das eine klare Sache. Wer heiratet bekommt auch bald ein Kind. Ich bin jetzt schon jahrelang verheiratet und hab' noch kein Kind. Das finden alle irgendwie verdächtig. Mit mir muss etwas nicht stimmen. In so einem Fall ist doch immer die Frau schuld! Schon die Blicke kränken mich. Und dann die Fragen, wenn ich jemandem mal etwas dicker vorkomme. ‚Hast du zugenommen oder ist es endlich so weit?' Eine Befruchtung im Reagenzglas ist für sie Teufelszeug und kann nur zu einem schlimmen Unglück führen, weil man sich von Gott abwendet und dem Teufel anvertraut. Deshalb sagen wir vor jedem Versuch, wir würden Urlaub machen. Für mich ist das zwar immer eine seelische Quälerei, denn es ist ja eine Lüge. Aber besser, wir leben mit dieser Lüge als mit der allgemeinen Ablehnung daheim." – „Mein Gott, was sind das für unsensible Seelentrampel, mit denen du zusammen leben musst. Du tust mir leid. Aber so ein klein bisschen kann ich mir das vorstellen. Nicht nur bei euch gibt es solche Seelentrampel. Bei uns gibt es das auch. Nur gibt es bei uns halt auch andere und dann ist man nicht so jämmerlich allein wie du. Was sagt denn dein Mann dazu?" – „Der hält zu mir und ist ganz auf meiner

Seite. Wir besprechen alles miteinander und entscheiden gemeinsam. Leider ist er der einzige, dem ich mich ohne Vorbehalte anvertrauen kann!" – „Na das klingt doch trotz allem ganz gut. Außerdem hat jeder von uns inzwischen zwei toll entwickelte Eizellen. Pass mal auf, in neun Monaten feiern wir zusammen die Geburt unserer Zwillinge!!"

Wir reichten uns über den Gang zwischen unseren Betten hinweg die Hand und lächelten uns an. Bis auf weiteres waren wir mit unserem gegenwärtigen Zustand zufrieden, vielleicht sogar für den Augenblick glücklich.

Da sie mit ihrem Ehemann im selben Bauernhof wie wir untergebracht war, ergaben sich auch nach dem Aufenthalt in der Klinik noch Möglichkeiten zu persönlichen Gesprächen. Ihr Mann erwies sich als ziemlich zurückhaltend, aber trotzdem sehr nett. Sie konnten schon einige Tage vor uns die Rückreise antreten. Unser Abschied fiel sehr herzlich aus und in der Hoffnung, sich demnächst als Eltern wieder zu begegnen und sich gegenseitig die Kinder zeigen zu können.

Doch leider, leider mussten wir uns wenige Wochen später gegenseitig am Telefon darüber hinweg trösten, dass es wieder einmal nicht geklappt hatte.

Und ihren Ehemann sollten wir sogar nie mehr wieder sehen. Ein Jahr nach unserer Begegnung in Prien erschütterte uns die Nachricht, dass er an Krebs gestorben ist.

Dass Menschen in meiner Lage nicht immer nur auf Verständnis bei Freunden, Bekannten oder im Beruf hoffen können, habe ich selbst schmerzlich erfahren müssen. Es war ausgerechnet ein Arzt(!), der mich eines Tages mit der Frage konfrontierte: "Schämen Sie sich denn eigentlich überhaupt nicht, die Allgemeinheit mit Ihren Unternehmungen so auszunutzen?"-

Das traf mich völlig unerwartet. Mir verschlug es zunächst die Sprache. Denn dort, wo ich arbeitete, nahm ich Urlaub für "meine Unternehmungen", um meine Kolleginnen nicht zu sehr zu beanspruchen. Und zahlte ich vielleicht nicht regelmäßig in die Krankenkasse ein? - „Wie bitte? - Wen soll ich ausnutzen?- Mit meinen Unternehmungen? - Ich habe mich gerade wohl verhört?" Zögernd fand ich die Sprache wieder. Und sogar Selbstsicherheit. – „Na, ist das vielleicht nicht ausgenutzt, wenn Sie Ihre Krankenkasse laufend mit so hohen Kosten belasten?" – „Ich wüsste nicht, was Sie das angeht. Ich komme auch nicht auf die Idee, mich in Ihre privaten Angelegenheiten einzumischen. Doch wenn Sie schon so neugierig sind: Was ich mache, ist genau mit meiner Kasse abgestimmt und geht auf deren Empfehlungen zurück. Die Kasse hat mir mitgeteilt, bis zu welcher Höhe sie die Arztkosten übernimmt und ebenso die Kosten für einen stationären Aufenthalt. Was darüber liegt und alle anderen Kosten, die anfallen, zahlen wir aus eigener Tasche. Außerdem achten wir darauf, dass „meine Unternehmungen", wie Sie das nennen, möglichst in die Ferien gelegt werden.

Ich weiß nicht, woher ich den Mut zu dieser Reaktion genommen habe, aber ich kochte innerlich. Es war mir in diesem Moment völlig egal, wer das zu mir sagte und was er jetzt von mir hielt. Er war offensichtlich auf meine Reaktion nicht gefasst, hatte einen hochroten Kopf, starrte mich kurz ungläubig an, sagte aber kein einziges Wort mehr und stürzte fluchtartig aus dem Zimmer. Ich genoss den kleinen Triumph, fühlte mich aber gleichzeitig zutiefst verletzt. Von einem Mann, der bisher meine Achtung besaß, und von dem ich nun maßlos enttäuscht

war. Dachten vielleicht die anderen ohne etwas zu sagen genauso?
Als ich kurze Zeit später von anderer Seite nochmals mit ähnlichen Äußerungen konfrontiert wurde, war ich so außer mir, dass selbst mein Mann mich kaum wieder beruhigen konnte. Am liebsten hätte ich mich zu Hause vergraben. Vielleicht hatten ja alle die gleiche schlechte Meinung über mich, nur trauten sie sich nicht, mir das ins Gesicht zu sagen! Mit diesem bohrenden Misstrauen im Herzen kam mir jeder Arbeitstag wie ein Spießrutenlaufen vor und es dauerte Wochen, bis ich diese ungerechten Vorwürfe einigermaßen verkraftet hatte.

Er 13

Zwischen meiner Frau und mir gab es diesmal keine große Diskussion über unser weiteres Verhalten. Wir waren uns einig darin, unseren Freunden zu folgen, wenn sie die Klinik bei Würzburg verlassen und mit ihnen in Prien unser Glück zu versuchen. Da ich nicht so genau nachgezählt hatte, war ich, in vager Erinnerung an unsere alte Abmachung mit der Obergrenze von sechs Versuchen, sofort damit einverstanden, als sie mir vorschlug, insgesamt höchstens noch zwei "In-Vitro-Versuche" zu wagen.
Prien am Chiemsee, das war für mich ein Urlaub auf dem Bauernhof. Während der Klinikaufenthalte von Ingrid erkundete ich die Umgebung rund um den Chiemsee und die Inseln, bewaffnet mit meiner noch neuen Videokamera. Was mir besonders auffiel und gefiel, das wollte ich Ingrid zeigen und irgendwann einmal unserem Kind. Später entstand aus den Aufnahmen mein erster Videofilm „Wunschtraum".

Der Bauernhof beherbergte zu jener Zeit fast nur Ehepaare mit unerfülltem Kinderwunsch, was einen intensiven Erfahrungsaustausch ermöglichte. Von den etwa zwanzig Ehepaaren, mit denen wir etwas näher in Kontakt gekommen sind, hatte niemand beim ersten Mal Erfolg. Manche hatten schon über zehn Versuche hinter sich gebracht, eine Frau war bereits über 50 Jahre alt. Mitte oder auch Ende Vierzig war gar nicht selten. Zu meiner Genugtuung waren wir zwar vom Alter her gesehen überdurchschnittlich, zum alten Eisen, zu den Omas und Opas mit Kinderwunsch, gehörten wir aber noch lange nicht!

In jeder Geschichte, die unsere Leidensgenossen erzählten, steckte eine persönliche Tragödie. Und bei den meisten war der Höhepunkt dieser Tragödie noch nicht einmal erreicht. Erstaunlich war die große Anzahl der Fälle, die ihre Lage und ihr Tun vor dem Arbeitgeber oder dem Freundeskreis oder der eigenen Familie geheim halten mussten, weil ein "Outen" eine Art Spießrutenlauf zur Folge gehabt hätte. Besonders häufig waren Vorwürfe wie die künstliche Befruchtung sei ein „Verstoß gegen den Lauf der Natur", ein „Hineinpfuschen in die Schöpfung", eine „menschliche Hybris, die schlimme Folgen haben werde" ... Dazu kam immer wieder die Unterstellung, womit wir ja auch schon selbst konfrontiert waren, man nütze auf unverschämte Weise die Allgemeinheit finanziell aus.

Kaum zu glauben waren Fälle vom Wechsel des Arbeitsplatzes, weil man von den Mitarbeitern gemobbt wurde und sogar vom notwendig gewordenen Umzug in einen anderen Ort, weil die In-Vitro-Versuche bekannt geworden sind und das ganze Umfeld mit Empörung darauf reagierte. Ingrid war zwar auch schon einmal bedrückt von

der Arbeit nach Hause gekommen und hatte berichtet, dass ein Vorgesetzter unverschämte Bemerkungen gemacht habe und sie sozusagen als Schmarotzer hingestellt hätte, aber das blieb ein Einzelfall, das blieb die Ausnahme. Und bei mir am Arbeitsplatz war von einer ablehnenden Haltung überhaupt nichts zu spüren. Im Gegenteil, man war interessiert und ich kann mich nur an aufmunternde Bemerkungen mir gegenüber erinnern. Auch unsere Verwandten, Freunde und Bekannten zeigten keine Ablehnung gegenüber unserem Tun. Deshalb kamen mir die Berichte und Erzählungen mancher Leidensgenossen wie aus einer anderen Welt vor.
So zum Beispiel Gregor aus dem Bayerischen Wald. Er wohnte mit mir auf dem Bauernhof, während unsere Frauen in der Klinik waren. Tagsüber streiften wir meist rund um den Chiemsee oder besuchten eine der Inseln, wenn wir nicht gerade selbst in der Klinik gebraucht wurden. Da er sich sehr fürs Filmen interessierte und sich selbst eine Kamera kaufen wollte, machten wir Pläne für einen gemeinsamen Videofilm bei unserem nächsten Treffen. Unserem Nachwuchs wollten wir doch einmal zeigen können, wo und wie alles für sie angefangen hat. Da es sich als unmöglich herausstellte, ohne die Terminpläne zu Hause ein konkretes Treffen zu vereinbaren, sagte ich: „Pass auf, ich ruf' dich an oder ich schick' dir eine Karte mit den mir möglichen Zeiten." Statt einer Antwort brummte er nur in sich hinein. Da er auch sonst nicht besonders gesprächig war, nahm ich's als Zustimmung. Aber nach einer Pause reagierte er doch noch in Worten: „Besser nicht!" – „Warum denn nicht?" – „Besser *ich* rufe *dich* an." – „Wie du willst, aber warum denn?" – „Daheim denken die, wir sind im Urlaub." – „Na ja, für uns Männer ist es doch wirklich ein bisschen

so, oder?" – „Schon, aber die denken auch, wir sind ganz woanders." – „Versteh' ich nicht, das musst du mir erklären." – „Wir ham uns sogar 'ne Mallorca-Karte besorgt und Grüße drauf geschrieben. Die ham wir Freunden mitgegeben, die sie von Mallorca zu denen daheim schicken. Dann meinen die, wir sind dort." – „Aha, ganz witzig, aber wozu der Umstand?" – „ Die dürfen nämlich nicht wissen, dass wir hier sind." – „Und warum nicht? Jetzt sag' halt schon! Mach's doch nicht so spannend!" – „Also weißt du, wenn bei uns daheim einer heiratet, dann hat die Frau ein Jahr später ein Kind. Das sind alle so gewohnt. Ist nach zwei Jahren noch nichts da, dann wird über dich getuschelt. Und nach drei Jahren bist du ein Versager, ein Rohrkrepierer! Kommst du in die Kneipe, dann macht irgendwer eine blöde Bemerkung und alles lacht. Dann gibt es da noch welche, die gehen einem aus dem Weg, weil Gottes Segen nicht auf dir ruht. Wer kein Kind kriegt, der sühnt für eine Schuld, verstehst du?" – „Ne, das versteh' ich nicht! Wieso darf dann niemand wissen, dass ihr hier seid. Ist doch gut, wenn ihr euch so um ein Kind bemüht!" – „Eben gerade nicht. Das ist nämlich Gottes Wille missachtet und auf den Kopf gestellt. So meinen die. Wir nehmen die Sühne nicht an und versuchen, Gott auszutricksen. Womöglich mit dem Teufel im Bunde. Das nimmt ein schlimmes Ende, meinen die. Vielleicht sogar für das ganze Dorf! Wenn es aber einfach so im Urlaub passiert, dann ist das ganz was anderes. Verstehst du? Dann ist das sozusagen mit Gottes Segen, meinen die. Und dann sind wir wieder voll angesehen." – „Aha. Und du bist sicher, dass du in Deutschland lebst? Und im zwanzigsten Jahrhundert?" - „Ach hör' doch auf dich lustig zu machen. Das ist bittere Realität. Sei froh, wenn es dir nicht so geht!" – „Entschuldige, aber das klingt doch einfach unglaublich. Ihr seid ja in einer fürchterlichen Lage. Ist da denn niemand, der zu euch hält?" – „Niemand! Nicht einmal die Eltern und die Geschwister. Wir sind allein und müssen allen was vorspielen, sonst ist der Teufel los. Die Freunde mit der Mallorca-Karte haben wir übrigens auch in einer Klinik kennen gelernt wie euch. Die kriegen auch keine Kinder." – „Zieht doch einfach weg!" – „Und den Hof mitnehmen? Wie stellst du dir das vor?" – „Also Gregor, du hast mich völlig überzeugt. Besser *du* rufst *mich* an! - Prost auf unsere Kinder!" Ich wollte den jetzt drohenden Trübsinn nicht aufkommen lassen.

Zu unseren gemeinsamen Video-Aufnahmen ist es nie gekommen. Wir erhielten zwar später daheim einen Anruf von Gregor. Er teilte uns mit, dass der Eingriff in Prien für sie ein Misserfolg war. Dann kam noch ein Anruf von seiner Frau, die uns sagte, dass Gregor ernstlich erkrankt sei. Man wisse nicht genau, was er habe, aber es werde bis zu seiner völligen Genesung einige Zeit dauern. Solange würden sie mit einem neuen Versuch in Prien warten müssen. Von Anderen haben wir wenig später erfahren, dass Gregor gegangen sei, für immer, gestorben an Krebs. Noch nicht einmal ganz ein Jahr, nachdem ich ihn kennen gelernt hatte!

In einem anderen Fall, bei dem auch der Ehemann verstorben ist, hat die Umgebung des Paares, wie man uns erzählte, die Frau für den Tod des Mannes verantwortlich gemacht. Sie habe ihn mit ihrem überzogenen Kinderwunsch in den Tod getrieben. Die Frau wohnte zunächst allein und zurückgezogen, zog dann um und beging später Selbstmord.

Es fehlen die Worte für das, was manche Menschen durchleben und für das Leid, das ihnen ihre Mitmenschen zufügen.
Derartiges haben wir Gott sei Dank nicht erlebt. An eine zum Ausdruck gebrachte grundsätzliche Ablehnung unseres Tuns kann ich mich nicht erinnern. Vielerlei Bedenken ja, aber keine moralisch erhobenen Zeigefinger.
Das galt, auch für die Mehrzahl unserer neuen „In-Vitro"-Bekanntschaften. Aber Schicksale wie das von Gregor und seiner bedauernswerten Frau gab es eben auch.
Tatsächlich waren wir inzwischen „alte Hasen" und wussten genau, was uns erwartete, und doch war Prien für uns so etwas wie ein Neubeginn. Ich war ziemlich nervös, als es ernst wurde. Alle Ersatzhandlungen mit meiner Videokamera konnten mich nicht ablenken oder doch höchstens für eine kurze Zeit. Über meine schlechten Erfahrungen setzte ich mich hinweg und redete mir gegen jede Logik ein, diesmal werde es gut gehen, denn schließlich spreche allmählich auch die Wahrscheinlichkeit und die Statistik dafür. Zweifel ließ ich gar nicht erst aufkommen, denn positives Denken, so sagte ich mir, erhöhe die Erfolgsaussichten. Meine Zuversicht wirkte auch auf Ingrid ansteckend – na ja, vielleicht war es auch umgekehrt! Aus der Klinik erreichten mich lauter gute Nachrichten:
Acht Follikel, Größe gut, die Punktion ergab drei Eizellen. Dann mein kurzer Auftritt und danach das große Bangen, ob Zellteilungen stattfinden würden. Tatsächlich: Zwei Zweizeller! Später bei der einen befruchteten Zelle, keine regelmäßigen Teilungen mehr, die andere zeigte eine regelgerechte Vierteilung und war damit reif für den Rücktransfer. Auch dies gelang ohne Komplikation.
Hurra, meine Frau ist schwanger!

Dann der Schock am nächsten Tag: eine leichte Blutung!
Die bald entdeckte Ursache: kleine Transferverletzung am Gebärmutterhals! Die Aufregung also überflüssig!
Mein Gastgeber, übrigens auch Gemeinderat, nahm mich mit auf seine Alm. Dort veranstaltete er mit mir eine kleine Feier für vollendete und angehende Väter.
Am nächsten Tag kam Ingrid aus der Klinik zu mir zurück Ich präsentiere ihr mein touristisches Programm für die verbleibenden Tage. Wir genossen zwei stille Tage in Prien.
Noch einige Routineuntersuchungen musste sie über sich ergehen lassen. Dann kam die Schlussbesprechung und es konnte wieder heimwärts gehen.
Dort immer wieder nervöses Schielen auf die Basaltemperatur. Im Falle einer Schwangerschaft sinkt die Körperwärme nämlich nicht ab. Jedes Zehntel Abweichung versetzt uns in Aufregung und hat zur Folge, dass die Messung wiederholt wird, zum Teil mehrmals.
Kurz vor dem üblichen Zyklusbeginn sinkt die Temperatur plötzlich um zwei Zehntel. Was für ein schlimmer Tag! Weltuntergangsstimmung!
Am Abend kehrt unversehens der Optimismus zurück, die Temperatur ist wieder angestiegen. In der Nacht kann meine Frau kaum schlafen. Am nächsten Tag erneut eine Psychokrise bei ihr, ohne erkennbare Gründe. Mehrfach hemmungslose Tränenausbrüche!
Erst gegen Abend wird sie stabiler und am nächsten Tag ist das Tief überwunden. Dafür jetzt fast grenzenlose Zuversicht. Sie ordnet Babysachen und glaubt „es" werde ein Mädchen. Die Temperatur bleibt unverändert.
Dann der Tag, an dem der neue Zyklus beginnen würde. Schrecksekunden:

Die morgendliche Messung zeigt deutlich niedrigere Werte als sonst:
Wiederholung der Messung – wieder höhere Temperatur! Weitere Kontrollmessungen bestätigen, dass das erste Ergebnis falsch war! Tiefes Durchatmen und erhebliche Erleichterung. Am Mittag ein kleiner Festtisch, romantische Harmonie in freudiger Erwartung. So klingt der Tag auch aus.
Es bleibt beim Wechselbad der Gefühle. Die Nerven fahren Achterbahn. Und dann die Hochstimmung am fünfunddreißigsten Tag, einem Samstag:
Die Temperatur am Morgen beträgt 37,4°Grad, so hoch wie noch nie!
Beide sind wir blendend gelaunt und glauben fester denn je an den Erfolg.
Am Mittag ruft sie mich zu sich: Schmierblutung!
Drei Stunden später:
Alles war Blendwerk! – Mensisbeginn! – Mitteilung nach Prien! – Die süße Hoffnung wich der bitteren Wahrheit! – Trauer! – Entsetzen – Fassungslosigkeit!!

Sie 14

Meine Einstellung zu Kindern wurde allmählich nahezu schizophren. Einerseits wünschte ich mir nichts sehnlicher als ein Kind und ich liebte Kinder, andererseits mied ich mehr und mehr Kontakte zu Ehepaaren mit Kindern. Ich erfand Ausreden, wenn wir eingeladen wurden und ich wusste, dass dort auch Kinder sein würden. Heute ist mir mein Verhalten damals ein wenig peinlich.
Eine alte Mergentheimerin, eine Jüdin, die während der Nazi-Herrschaft verjagt worden war und in die USA emigrierte, ist öfter zu Gast bei uns gewesen. Sie wurde

meine mütterliche Freundin. Einmal saßen wir beide bei mir im Wohnzimmer und tranken Kaffee. Natürlich vertraute ich ihr meinen Wunsch vom eigenen Kind an. Sie schaute mich mit ihren klaren Augen an und kam ins Erzählen. „Siehst du, mei' Engele, ich habe ein Kind. Nur ein einziges. Eine Tochter. Sie wohnt in New York und du musst sie unbedingt einmal kennen lernen. Lange habe ich auf sie warten müssen. Ich stand wohl durch diese ganze Scheiße mit Hitler und dem Krieg zu sehr unter Druck. Trotzdem machte ich mir damals nicht so viele Gedanken wie du. Es sollte so kommen, wie es der liebe Gott für uns bestimmt hat. Vertraue doch auf deinen Konfirmationsspruch ‚Befiehl dem Herrn deine Wege und hoffe auf ihn! Er wird's wohl machen.' Mir hat diese Einstellung bisher immer geholfen." Wenn ich auch nicht so ganz überzeugt war, spürte ich doch ihre warme Herzlichkeit. Spontan umarmte ich sie und gab ihr einen Kuss auf die Wange. „Du musst wissen, Engele," fuhr sie fort, „an Kinder haben wir lange nicht gedacht. Zu sehr kreisten unsere Gedanken um die, die im KZ umgekommen sind." Sie wurde ganz ernst. „Meine Cousine und ihre Eltern gehörten dazu. Der Cousine verdank' ich mein Leben, weil ich von ihr die Schiffsreise nach Amerika geschenkt bekommen habe." Sie stockte und so fragte ich: „Wieso ist sie denn nicht selbst gefahren?" – „Ich sollte vorausfahren, um Vorkehrungen zu treffen, damit sie mit ihrer Familie nachkommen könne. Sie wollte lieber mit ihrer Mutter auf den Vater warten, der einige Wochen zuvor von der Getapo abgeholt worden war. Niemand wusste, wo er war. – Ja, und dann machten sie ihre Reise!" Tränen erstickten ihre Stimme. Ich saß starr und erwartete das Schlimmste. „Eine Reise nach Auschwitz. Es war ihre letzte. Es war eine Reise ins Gas!" Wieder brauchte sie

Zeit, um ihre Erschütterung zu beherrschen. Ich war sprachlos vor Entsetzen. Doch es kam noch schlimmer. „In der Warteschlange zur Gaskammer, nackt, beschämt und würdelos, wurden sie vom Vater entdeckt, der Leichen mit einer Schubkarre transportieren musste. Er zog sich aus und stellte sich stumm zu Frau und Tochter. So waren sie wieder zusammen, die kleine Familie. Für einen kurzen Augenblick! Denn ein SS-Mann hat alles beobachtet und den Vater wieder herausgezogen! Das war ihr Abschied für immer. Dem Mann meiner Cousine gelang es irgendwie zu überleben und mich in New York zu finden. Von ihm weiß ich diese Geschichte. Und das hat mich lange Zeit stärker beschäftigt als Kinder kriegen. Verstehst du?" Ich konnte nicht antworten, ich konnte sie nur umarmen.

Sie versprach mir, aus ihrer Wahlheimat einen Glücksbringer zu schicken. Tatsächlich brachte mir der Postbote eines Tages ein Päckchen, in dem sich ein goldener Ring mit goldenen Fischchen daran befand. Das Zeichen des Lebens und der Vermehrung, wie sie mir dazu schrieb. Und dann stand in ihrem Brief auch noch ein Wunsch.

„Ich bin mir ganz sicher, mein Engele, dass dein großer Traum eines Tages in Erfüllung geht. Dann wäre ich so glücklich, wenn euer Kind eine schöne Erinnerung an mich bekommen könnte. Denn dann wäre ich selbst wieder ein bisschen daheim, wo ich immer so gern gewesen bin." Was meinte sie damit? Taufpatin vielleicht?

Den Ring steckte ich mir an den Finger, um ihn bis zur Erfüllung nicht mehr abzunehmen, einem Ehering ähnlich. Ich versuchte ganz fest an die Kraft des Ringes zu glauben. Wie bei einer unheilbaren Krankheit klammerte ich mich an jeden Strohhalm!

Von den Wünschen, die wir hatten, wählten wir jetzt einen aus, den wir uns erfüllen konnten: Israel, mit seiner Schönheit, seiner Geschichte, aber auch mit seinen Problemen.

Man mag mich starrsinnig nennen, doch meinen anderen Wunsch hatte ich immer noch nicht aufgegeben. Deshalb vereinbarte ich noch vor der Reise einen neuen Termin in Prien für die Zeit nach unserer Rückkehr aus Israel.

Wunderbare Wochen erlebten wir dort, trotz des leider so unruhigen Nahen Ostens! Wochen ohne Terminstress und mit Zeit, neue und dauerhafte Freundschaften zu knüpfen.

Wir unternahmen viele Fahrten zu den Sehenswürdigkeiten des heiligen Landes, wobei uns ein sehr interessanter Mann von damals Mitte achtzig begleitete, der früher das Amt eines Rabbiners in Galizien ausübte. Am Jordan kamen wir an eine Stelle, wo sich Erwachsene taufen lassen. Es reizte mich, meine Taufe von einem echten Rabbi mit Jordanwasser wiederholen zu lassen. Während der Taufzeremonie flüsterte er mir zu, ich solle mir jetzt etwas ganz fest wünschen. Er sei sich sicher, es würde dann eines Tages in Erfüllung gehen.

Blitzartig war er wieder da, der Gedanke, der mich daheim stets beherrschte, der mich ausfüllte, für den ich lebte: Ein Kind!

Wie war das doch bei Sara und Abraham? Sind wir nicht hier in der Nähe von dem Ort, wo sich das Wunder der späten Geburt ereignete?.

Könnte es nicht sein, dass – wenn auch nur ganz selten – ein Wunder sich wiederholt? Aber vielleicht ein ganz kleines bisschen schneller als bei Sara und Abraham?

Wenn auch das mit der Taufe eigentlich mehr Spaß als Ernst war, so hatte ich doch am Jordan neue Hoffnung

geschöpft, eine Hoffnung, die mich fortan begleitete, die mich nicht mehr verließ und die mir viel dabei geholfen hat, über schwere Stunden, die mir noch bevorstehen sollten, hinwegzukommen.
Reich an neuen Eindrücken kehrten wir nach Hause zurück. Es war März, die Osterferien waren vorüber, und unser neuer Termin für den nächsten Versuch lag in den Sommerferien. Tatsächlich wurde ich am 18.7.1988 stationär in die Klinik aufgenommen, und am 23.7.1988 konnte man mir wieder einen Embryo im Zweizell-Stadium transferieren. Zur Unterstützung der Lutealphase, das ist die sogenannte zweite Phase im Menstruationszyklus, bekam ich am Transfertag ein Hormonpräparat, und zwar eine Ampulle HCG 5ooo IE. Um ein mögliches Überstimulationssyndrom zu verhindern, wurden wöchentliche gynäkologische Untersuchungen nötig. Doch alle Anstrengungen blieben auch diesmal vergebens, auch dieser Versuch scheiterte.
Am 8.12.1988 bekam ich folgenden Brief aus Prien :

Sehr geehrte Frau Brunotte,

anbei übersende ich Ihnen den Hysterosalpingographiebefund vom 19.11.88.
Wie besprochen sollten Sie zwischenzeitlich mit Hilfe des Discre-Testes oder des LH-Stada-Testes, mit Unterstützung von Dyneric Tabl. (1 Tabl. vom 5.-9. Zyklustag Ihren Ovulationszeitpunkt herausfinden.
Jederzeit stehe ich Ihnen dann zu einer Inseminationsbehandlung zur Verfügung.

Eine IVF-Behandlung, bzw. ein Gametentransfer sollte, wie besprochen erst im Frühjahr 1989 erfolgen.
Bis dahin wünsche ich Ihnen einen besinnlichen Jahresausklang und hoffentlich ein erfolgreiches 1989 mit viel Gesundheit und einer eingetretenen Schwangerschaft.

Mit freundlichen Grüßen

Dr. M. Lehnert
_____
_____

Vor allem der letzte Satz gefiel mir!

Es gab eine interessante Kurzzeittherapie mit Hilfe des Nasensprays Suprefact. Sie schien mir deswegen interessant, weil sie für mich neu war und ich wollte absolut nichts unversucht lassen. Doch auch diese neue Hoffnung platzte wie eine Seifenblase, weil sich einfach kein Erfolg einstellen wollte.
Am 20.01.1989 bekam ich wieder ein Schreiben meines Gynäkologen aus Prien, in dem er auf das damals neue Gesetz zur Gesundheitsreform hinweist:

FRAUENKLINIK PRIEN GmbH
DR. LEHNERT
ABTEILUNG F. REPRODUKTIONS-
BIOLOGIE
DR. SIEBERT STRASSE 5
0210 PRIEN Am CHIEMSEE

HUMAN REPRODUKTION
CRYO BIOLOGICAL SYSTEM
T. U. A. KNIEWALD
DIPLOM-BIOLOGEN
IVF - LABOR

Prien/Chiemsee, den 20.1.89

Betr. " künstliche Befruchtung "

Sehr geehrte Frau Brunotte!
Ab dem 1. Januar 1989 gilt für die Behandlung der Sozial versicherten (Kassenpatienten) das neue Gesundheitsreform gesetz. Dieses Gesetz schließt Patientinnen mit Problemen des Kinderwunsches aus (s. Anlage). Aus diesem Grunde erlaube ich mir, Sie darauf aufmerksam zu machen, daß die Leistungen für eine erneute Behandlung (z.B. extracorporale Befruchtung, Insemination oder intratubarer Gametentransfer) nicht mehr von den gesetzlichen Krankenkasen getragen werden. Die Kosten für die Behandlung werden Ihnen nach den Gebührensätzen Für Ärzte (GOÄ) in Rechnung gestellt. Im allgemeinen belaufen sich die Kosten beispielsweise für eine in vitro Fertilisationsbehandlung mit anschließendem Embryotransfer zwischen 2500.-DM und 4500.-DM.

Aufwendungen für Medikamente (z.B- Hormonpräparate), evtl. Narkoseleistungen oder Kosten für den Klinikaufenthalt werden im Bedarfsfall zusätzlich berechnetsollten Sie in Kenntnis der Sachlage eine erneute Behandlung wünschen, so darf ich Sie bitten, sich bei unserem Labor mit beigefügter Erklärung anzumelden. üblicherweise wird bei Behandlungsbeginn eine Anzahlung in halber Höhe (50%) der Gesamtkosten geleistet. Verfügen Sie über eine private Zusatzversicherung für den stationären Aufenthalt, so können unter Umständen die Kosten der Behandlung von Ihrer Versicherung ganz oder teilweise übernommen werden.
Bei privat versicherten Patienten werden die Kosten vorerst übernommen, sofern Sie eine Kostenübernahmeerklärung erhalten haben. Eine Anzahlung würde bei Vorliegen der Kostenübernahmeerklärung Ihrer Privatkrankenkasse entfallen.

Außerdem sollten Sie mit Ihrem Steuerberater reden, ob die durch die Behandlung anfallenden Kosten nicht am Jahresabschluß steuerlich geltend gemacht werden können.

In der Hoffnung Ihnen mit dieser Mitteilung gedient zu haben, verbleibe ich

mit freundlichen Grüßen

Dr. Matthias Lehnert

Leiter der IVF Abteilung Frauenklinik Prien GmbH

EINVERSTÄNDNISERKLÄRUNG

Hiermit erklären wir uns einverstanden, die Kosten zu übernehmen für die Behandlung

0) In vitro Fertilisation und Embryotransfer
0) intratubarer Gametentransfer

0) Inseminationsbehandlung

die anhand der Aufstellung nach der Gebührenordnung für Ärzte (GOÄ) uns am Schluß der Behandlung in Rechnung gestellt werden. Auch sind wir mit einer Anzahlung von 50% des Betrages des zuvor erstellten Kostenvoranschlages einverstanden.
Wir wurden darüber informiert, daß die Kosten für die Medikamente, evtl. Narkoseleistungen und den Klinikaufenthalt von uns übernommen werden müssen, sofern nicht eine Kostenübernahmeerklärung für die Behandlung von der privaten Krankenversicherung vorgelegt werden kann.

über den Ablauf der Behandlung, der Komplikationen und den zu erwartenden Kosten wurden wir ausreichend unterrichtet und hatten genügend Möglichkeiten, aufkommende Fragen mit dem behandelnden Arzt zu besprechen.

_____

_____

Sollte das das Ende sein?

Er 14

Der Misserfolg vom Chiemsee traf uns besonders hart. Ähnlich wie beim ersten Mal in Böblingen wurde die Hoffnung, es nach so langer Zeit endlich geschafft zu haben, so intensiv, dass diese in Wahrheit nur erträumte Vorstellung sich bei uns in eine gegenseitig immer wieder bestätigte und bekräftigte Wirklichkeit verwandelt hatte. Als der Beginn eines neuen Zyklus die Illusionen unerbittlich zerstörte, waren wir untröstlich. Und die Welt erschien in hohem Maße ungerecht. Wie ich mich fühlte? Bald war es mehr Trauer, bald Wut, bald Verzweiflung. Es war verdammt schwer. Aber viel schlimmer noch musste es wohl meiner Frau ergehen. Wer sich so mit jeder Lebensfaser ein Kind wünscht und dann so abstürzt, der muss die Hölle durchleben! Ich war besorgt. Aber vielleicht führt das gemeinsam durchlebte Leid enger zusammen als der gemeinsame Erfolg. Es gelang uns jedenfalls, im Schmerz nicht zu versinken. Das Zusammengehörigkeitsgefühl ist in jenen Tagen erheblich gewachsen, gerade weil wir schon viele Stürme gemeinsam gemeistert haben. Und als hätten wir nicht schon genug durchlitten, wir Unbelehrbaren, nach einer Pause von ungefähr einem halben Jahr planten wir den nächsten Schritt. Noch ein Versuch in Prien! Es sollte unser letzter sein!
Und wieder war es ein Misserfolg!
Und jetzt war Schluss!

Sie 15

Nach dem letzten Brief aus Prien überlegten wir hin und her, was zu tun sei, und kamen zu dem Entschluss, bis auf weiteres nichts mehr zu unternehmen, aber für einen eventuell doch möglichen späteren Versuch Geld anzusparen.
Das Jahr 1989 war für uns ein Reisejahr.
Da war der Skarabäus in Ägypten. Ein riesiger Mistkäfer aus Stein bei den Pharaonen in Luxor, der Glück bringen soll und Wünsche erfüllt, wenn man ihn zehnmal umrundet. Kurz entschlossen nahm ich meinen Mann an der Hand und schon rannten wir beide um die Käferskulptur, als würde man uns verfolgen.
Die Umherstehenden lächelten staunend und überrascht. Sollten sie uns ruhig für ein wenig verrückt halten, den Zweck unserer Übung verrieten wir nicht.
Beim Mistkäfer hatten wir ein Geheimnis für uns alleine, das nur uns miteinander verband. Und dabei sollte es bleiben.
Da war der Sommerurlaub mit Freunden in Bulgarien und der niedliche, kleine Junge, dessen Mutter das überraschende Angebot machte, sich mit dem Sperma meines Mannes inseminieren zu lassen und für uns ein Kind austragen zu wollen. Dafür wollte sie 10 000 DM haben. Ich hielt sie für eine gute Leihmutter und war einverstanden. Ein Treffen in Deutschland wurde ausgemacht, um Einzelheiten zu besprechen. Ich war fürs erste glücklich. Doch war es das wirklich, was ich wollte? Ich bekam immer stärkere Bedenken, je länger ich mir die möglichen emotionalen Probleme, die auf uns zukommen könnten, klar machte. Mein Mann riet grundsätzlich ab.

Von dem Angebot machten wir deshalb schließlich keinen Gebrauch.
Auch am Schwarzen Meer muss man nicht immer nur am Strand liegen. Die Stadt Warna bietet Abwechslung mit ihren Sehenswürdigkeiten. Was lag da näher, als eine Besichtigungsfahrt zu unternehmen?
Meinem Mann hatte ich zu Weihnachten eine neue Filmkamera geschenkt. Im Park filmte er gerade eine ungewöhnliche Skulpturengruppe, als mir zwei Zigeunerinnen auffielen, die mit einem Baby auf uns zukamen. Auch mein Mann schwenkte mit seiner Kamera auf die malerische Dreiergruppe aus Fleisch und Blut. Als sie bemerkten, dass sie gefilmt wurden, baten sie durch Handzeichen, den Film anschauen zu dürfen. Während die eine voller Freude dieses ihr unerklärliche „Wunder der Technik" bestaunte, gab ich der anderen mit dem Baby auf dem Arm Kekse fürs Kind, die ich noch aus Deutschland hatte. Ohne die beiden zu verstehen, bekamen wir dennoch so einiges über sie heraus. Sie waren Schwestern und auf dem Weg, ihre tägliche Runde betteln zu gehen, damit zumindest das Kind etwas zu essen hatte. Aus lauter Dankbarkeit, dass sie sich in der Kamera sehen konnten und ich ihnen Kekse fürs Kind gab, nahm mich plötzlich die Jüngere von den beiden an der Hand und führte mich zu einer Bank in der Nähe. Aus ihrer Rocktasche holte sie ein kleines Kartenspiel heraus. Auch meine Freundin folgte uns neugierig, denn es war zunächst nicht klar, was die Zigeunerin von mir wollte.
Nachdem sie ihr Kartenspiel auf die Bank gelegt hatte, sah ich verschiedene Bildsymbole auf jeder Karte, darunter Begriffe in Deutsch, Englisch und vermutlich in Bulgarisch. Nun dämmerte es mir allmählich: die junge Zigeu-

nerin wollte mir meine Zukunft zeigen. Nach spannenden Minuten lag das Resultat auf der Bank. Die Karte, die da vor mir lag, zeigte eine Frau, die ein Baby zur Taufe trägt. Ich ließ sie alles nochmals wiederholen, bevor ich wirklich sicher war, was ich da sah. Noch ein drittes Mal machte sie ihren Hokuspokus, und immer dieselbe Karte lag vor mir. Meine Freundin lachte schallend und steckte mich mit ihrer Heiterkeit an. Ich gab der netten Fremden ein Trinkgeld und wir gesellten uns wieder zu unseren Männern, denen wir alles ausführlich berichteten. Noch oft habe ich mit meiner Freundin über diese Begegnung gesprochen, und auch zu Hause kam mir dieses Erlebnis immer wieder in den Sinn.

Wenn wir uns etwas Gutes gönnen wollen, gehen wir gerne in ein nettes Weinlokal in unserer Nähe . Zwischen der Besitzerin und mir ist inzwischen eine besondere Freundschaft entstanden. Sie wünschte sich auch schon seit einem Jahrzehnt ein Baby, ohne dass dieser Wunsch bisher in Erfüllung gegangen wäre. Wenn wir uns trafen, genügten Blicke, um zu wissen, ob die andere schwanger war oder nicht. Das Problem von unserem befreundeten Ehepaar war ihre Arbeit. Sie kamen jede Nacht todmüde ins Bett und da dachten sie wohl nur noch ans Schlafen.

Meine Freundin und ich hatten denselben unerfüllten Wunsch und deshalb trösteten wir uns ab und zu gegenseitig.

Um einen weiteren Versuch in Prien durchführen zu können, sparten wir jetzt jeden Pfennig, den wir übrig hatten. In dieser Zeit las ich in einer Zeitschrift folgenden Text:

Mehr als eine Million Ehepaare in der Bundesrepublik wünschen sich vergeblich ein Baby. Eine der häufigsten Ursachen für die Sterilität einer Frau liegt in einer zu schwachen Tätigkeit der Eierstöcke, der so genannten Ovarialinsuffizienz. Darüber hinaus gibt es viele Frauen, deren Gebärmutter sich unnatürlich zurückgebildet hat. Jede zweite Frau, die zur Sterilitätsbehandlung kommt, hat eine zu kleine Gebärmutter, ein Umstand, der eine Schwangerschaft unmöglich macht. Moorbadekuren sind die erfolgreichste Waffe der Naturheilkunde gegen Unfruchtbarkeit dieser Art. In der Hauptsache wirkt das Moorbad überwärmend und damit stark durchblutungsfördernd. Dank der besonderen Beschaffenheit des Moores werden Badetemperaturen von 41 bis 45 Grad noch gut vertragen. Entsprechend heißes Wasser würde dagegen schwere Verbrühungen hervorrufen. Diese für den Körper extremen Temperaturen führen zu einer außerordentlich guten Durchblutung der Unterleibsorgane. Dadurch dehnen sich Gebärmutter, Eierstöcke und Eileiter so kräftig, dass sie mit der Zeit ihre ursprüngliche Größe zurückgewinnen. „Auf die Schnelle" ist der Kinderlosigkeit aber auch mit Moor nicht beizukommen. Die Patientin muss Geduld mitbringen. Jede Badekur, die ggfs. in Abständen von einem Jahr wiederholt wird, dauert mindestens vier Wochen. Während dieser Zeit werden 12 bis 14 Sitzbäder im Moorbrei verordnet. Diese Anwendungen werden durch weitere natürliche Heilmaßnahmen wie spezielle gymnastische Übungen und strenge Freiluft-Liegekuren (mit Sprech- und Leseverbot), Entspannungsübungen, Atemschulung und Trinkkuren an mineralstoffhaltigen Quellen unterstützt. Der Erfolg gibt der Therapie recht: Nach zwei bis drei Moorbadekuren stellt sich bei etwa der Hälfte der betroffenen Frauen der erwünschte Kindersegen ein!

Das schien genau die Kur zu sein, die für mich in Frage kam. Zweimal in der Woche lag ich von nun an in einer Wanne mit Moor. Da wir in einer Kurstadt wohnen, war es nicht schwierig in einem unserer Kurhäuser gleich einen Termin zu bekommen. Gleichzeitig sprach ich mit meinem Gynäkologen über die Möglichkeit, nochmals zu inseminieren.
Die Moorbäder empfand ich von der Wärme her als äußerst angenehm. Wenn ich davon absehe, dass ich buchstäblich „im Dreck" lag, kann ich sagen, dass es wirklich ein wohliges Gefühl gewesen ist in diesem tiefdunklen Schlamm.
Insgesamt hatte ich zwölfmal dieses Vergnügen.
In derselben Zeit unternahm ich wieder die üblichen Messungen meiner Körpertemperatur und zeichnete die entsprechenden „Fieberkurven" auf. Das diente der Vorbereitung für eine neue Insemination. Ich fühlte mich zurückversetzt an den Anfang.
Was sollte diese Vorbereitung eigentlich? Es war doch klar, dass gerade in jener Zeit keine Chance auf Erfolg bestand. Immer wieder hatte man uns gesagt: Ihr braucht Ruhe, ihr müsst euch entspannen, ihr müsst den Alltagsstress hinter euch lassen!
Und wie sah der Alltag in jenen Tagen aus?
Nun, mein Mann hatte den normalen Schulstress mit seinen Aufsatzkorrekturen, dazu den Stadtrat mit seinen Ausschüssen und Aufsichtsräten, dazu die Volkshochschule, dazu Stadtführungen. Außerdem standen Kommunalwahlen vor der Tür, also Wahlkampf um den erneuten Einzug ins Stadtparlament.
Ich hatte meinen Beruf und hatte einen Fortbildungskurs belegt, der mit einer Abschlussprüfung enden sollte. Für

meine berufliche Zukunft schien mir dies sehr wichtig, deshalb nahm ich die Sache sehr ernst und „kniete" mich gewissenhaft in den Unterrichtsstoff. Zweifel und Ängste befielen mich, ob ich in meinem „hohen" Alter den Prüfungsanforderungen auch gewachsen sei.
Kurz und gut: im Hause Brunotte herrschte Stress pur!
An eine Schwangerschaft war unter solchen Voraussetzungen in unserem Fall nicht zu denken.

Er 15

Ich war jetzt strikt dafür, die Entscheidung über Kind oder nicht Kind der Jahrtausende alten Tradition zu überlassen. Die einzige Entscheidungshilfe, die ich allenfalls noch akzeptieren mochte, war eine Insemination. Tatsächlich war für mich die Entscheidung gefallen: ich richtete mich endgültig auf ein Leben ohne ein eigenes Kind ein. Trotz der Unterstützung durch unsere Krankenversicherungen hatten wir selbst inzwischen namhafte finanzielle Investition in das „Unternehmen Baby" gesteckt. Schon allein deshalb hatte ich kein Verständnis dafür, wenn jetzt ernsthaft darüber diskutiert wurde, ob kinderlosen Ehepaaren eine Sondersteuer oder allgemein höhere Abgaben zugemutet werden sollte, und zwar pauschal und ohne jede Ausnahme!
Solchen Paaren wie uns wird das nicht gerecht. Zum Schmerz, kein Kind bekommen zu können, käme dann auch noch die Strafe der Gesellschaft hinzu. Das darf doch wohl nicht wahr sein!
Und welche Auswirkungen hatte es, dass die Kassen nicht mehr bezahlten?
Nun, allein die In-Vitro-Fertilisation kostete jetzt den Betroffenen mehrere tausend Mark. Hinzu kommen

Nebenkosten wie An- und Abfahrt, Übernachtung, Verpflegung und Klinikaufenthalt. Das war schon für uns schwer, aber für viele Paare war es unerschwinglich.
Nur wer reich war durfte weiter hoffen!

Sie 16

Am 14. September, dem Geburtstag meines Mannes, wurde wieder einmal inseminiert.
Und – wie befürchtet – nach 14 Tagen, genau am Tag, als die Regelblutung einsetzen sollte, zeigte sie sich auch – allerdings nur schwach.
Es war klar, alles war wieder einmal vergeblich, alles wieder einmal umsonst.
Ich rief deprimiert meinen Arzt an. In zwei Wochen sollte ich mit meinem Morgen-Urin im Gepäck bei ihm erscheinen. Weil die Blutung nur schwach war, wollte er einen zusätzlichen Test machen.
Als es soweit war, nutzte ich meine Mittagspause. Klaus - Dieter sollte mich im Laufe des Nachmittags anrufen.

Er 16

Ein Kind war jetzt kaum noch ein Thema zwischen uns.
Sie hatte zum ungezählten Mal ihren Gynäkologen gewechselt, der doch tatsächlich in Kenntnis unserer Situation vorschlug, es doch noch einmal mit Inseminieren zu versuchen. Das hatte zwar nicht die geringste Chance auf Erfolg, wie die Vergangenheit gezeigt hat. Doch ich erstickte beinahe an meinen Terminen und ging deshalb längeren Auseinandersetzungen aus dem Weg, indem ich einwilligte.

Mich jagte mein Terminkalender, sie hatte Probleme am Arbeitsplatz.
So merkten wir gar nicht, als die Regelblutung ausblieb. Meine Frau, die ja näher an ihrem Körper ist als ich, mag es registriert haben. Mir sagte sie aber nichts und ich dachte kaum daran.
Allerdings glaube ich mich zu erinnern, sie doch einmal danach gefragt zu haben, worauf sie aber nur lakonisch antwortete, es sei nichts gewesen.
Kurz vor ihrem nächsten Arzttermin wurde ich doch hellhörig, als sie mir nämlich sagte, sie wolle uns zwar keine Hoffnung machen, aber irgendwie sei diesmal alles anders als sonst.
Was sollte das bedeuten?
„Und was heißt bitteschön alles anders?"
„Na ja, irgendwie einfach alles!"
„Aha, genauer geht es wohl nicht?"
„Nein, genauer nicht. Aber keine Hoffnungen, ich hatte ja schon die Blutung."
„Na, dann ist doch alles klar."
„Schon! – sie war aber nicht ausgeprägt!"
„Nicht ausgeprägt? Was sagt denn der Arzt dazu?"
„Zu dem geh' ich doch erst morgen Mittag. Wenn du Zeit hast, wäre es schön, wenn du mitkommen würdest."
„Geht nicht, aber ich ruf dich im Geschäft an."

Sie 17

Der Schwangerschaftstest war positiv!!!
Was sollte ich sagen? Ich war sprachlos. Ein unbeschreibliches Glücksgefühl stieg in mir auf. Mit einem Schlag fühlte ich mich so, als würde ich schweben – schwerelos!
Doch mein Arzt versuchte mich wieder zurück auf den Boden zu holen: Keine Übereilung, meinte er, weitere Untersuchungen müssten noch folgen. Dann erst hätten wir tatsächlich Gewissheit.
Trotzdem war mir, als träumte ich. Irgendwie kam ich zurück zum Arbeitsplatz, hatte einen Telefonhörer in der Hand und Klaus-Dieter am anderen Ende. Von dem kam nur ein nicht enden wollender Glücksschrei. Mit ihm war nicht vernünftig zu sprechen.
Jetzt war ich es, der jemanden auf den Teppich holen musste! Tränenüberströmt versuchte ich vernünftig zu sein.
Und ich weiß, am anderen Ende der Leitung war es genauso.
Einige Stunden später lagen wir uns daheim in den Armen, schreiend vor Glück und dann wieder ganz stumm, aber immer in Tränen aufgelöst. Immer und immer wieder nahmen wir uns bei den Händen, schauten uns in die Augen und schrien uns lachend die Anspannung der langen Jahre aus dem Leib, als wir immer wieder vergeblich auf diesen Augenblick gehofft hatten.
Immer und immer wieder nahmen wir uns in die Arme und spülten mit unseren Tränen die Enttäuschung des ewigen vergeblichen Hoffens hinweg!

Irgendwann holten uns die Worte des Arztes wieder ein: Keine Übereilung – noch keine letzte Gewissheit! Also um Himmels willen nicht zu früh freuen!
Am Ende gibt es doch wieder ein böses Erwachen! Deshalb verzichteten wir vorläufig auf eine – wenn auch nur kleine – Feier.
Aber irgendwie glauben wir jetzt beide daran, dass es ausgerechnet bei den unmöglichsten äußeren Bedingungen endlich passiert ist, worauf wir inzwischen seit fast 18 Jahren warteten!
Zwei Wochen später zeigte sich noch immer keine Regelblutung.
Arzttermin!
Ultraschalluntersuchung.

Er 17

Am Telefon sagte sie mir anfangs im gespielten Plauderton, der Test sei positiv. Zunächst hatte ich falsch verstanden:
Dacht' ich's mir doch ! –
Stille am andern Ende. Zeit für mich, mein Missverständnis zu erkennen.
Was? Wie war das? – Du hast dich gerade versprochen! – Du sagtest – positiv??
Als Antwort hörte ich ein fast ersticktes, glucksend hingehauchtes – JAAH!
Ich wankte, ich wich zurück. Und dann brach es aus mir heraus, der Frust von achtzehn Jahren, die vielen Enttäuschungen, die persönlichen Demütigungen. Meine Reaktion war ein Schrei, der nicht aufhören wollte. Und auch später, gemeinsam, in unserer Wohnung, immer wieder, unter strömenden Tränen, einfach ein Schrei!

Zwei Wochen später die Bestätigung beim Arzt. Spontanes Feiern in der Praxis!

Sie 18

Tatsächlich, der Ultraschall brachte es an den Tag: eine geteilte Zelle!!
Unglaublicher Jubel in der Praxis. Klaus – Dieter und der Arzt liegen sich in den Armen! Sektkorken knallen! Gewissheit! Ich bin schwanger! Ich bin schwanger! Ich bin wirklich schwanger!
Jetzt bloß keinen Fehler machen, jetzt muss alles gut gehen! In knapp drei Wochen werde ich 42 Jahre alt. Eine Spätgebärende mit erhöhtem Risiko auf eine Fehlbildung! Der Arzt riet zu einer Fruchtwasseruntersuchung. Aber er machte auch darauf aufmerksam, dass bei dieser Untersuchung die Gefahr eines Abortus bestehe.
Was für eine Aussicht! Da habe ich jahrelang darum gekämpft endlich schwanger zu werden, und nun soll ich freiwillig diese Schwangerschaft in Gefahr bringen! Andererseits besteht die Möglichkeit, eine Fehlbildung möglichst früh zu erkennen. Ich war hin- und her gerissen und entschlusslos.
Mein Mann war dafür, Bescheid zu wissen und ich schloss mich seiner Meinung an.
Also – schon wieder mal eine Untersuchung und wieder mal in Würzburg.
Mit einer gehörigen Portion Angst im Bauch lag ich von Kopf bis Fuß verspannt auf dem Untersuchungsbett und schielte zur Ärztin, die sich mit einer Riesenspritze anschickte, mir Fruchtwasser zu entnehmen. Wegen der Schwangerschaft ohne Betäubung!

Wenn bloß alles gut geht. Hoffentlich passiert nichts! War es vielleicht ein Fehler, hierher zu kommen? Gerade als die Ärztin die Spritze ansetzte, hatte ich es mir endgültig anders überlegt. Aufhören, aufhören wollte ich rufen. In diesem Augenblick machte mich die Ärztin auf einen Monitor aufmerksam, an dem ich den Eingriff verfolgen könne. Ich war abgelenkt und ließ nun doch alles geschehen. Tatsächlich verspürte ich nicht den geringsten Schmerz. Eine gelbliche Flüssigkeit füllte die Spritze – und es gab keine Komplikationen! Nach einer kurzen Ruhepause konnten wir noch am selben Tag wieder nach Hause fahren.

Nach etwa drei Wochen sollten wir die Resultate mitgeteilt bekommen.

Doch welch eine Überraschung, als wir schon früher einen Anruf aus Prien bekamen. Das Fruchtwasser ist doch tatsächlich zu unseren Priener Biologen geschickt worden. Austausch von Freundlichkeiten. Doch in Wahrheit platzte ich bald vor Neugier auf das Ergebnis. Aber da waren auch die weichen Knie – die Angst vor der schlechten Nachricht. Deshalb traute ich mich nicht zu fragen. Statt dessen drückte ich unser mobiles Telefon meinem Mann in die Hand, der gerade unter der Dusche stand. Er kam ohne weitere Umschweife auf das Wesentliche zu sprechen. Ich versuchte, aus seiner Mimik und seiner Körperhaltung das Ergebnis zu erfahren:

Keine Abnormitäten erkennbar – ein Mädchen!

Und jetzt endlich war der herrlichste Feiertag für uns!

Er 18

Ein Anruf aus Prien erreichte mich unter der Dusche. Die Fruchtwasseruntersuchung hatte das Geschlecht ergeben: ein gesundes Mädchen.
Tatsächlich hatte ich mit einem Jungen gerechnet und war deshalb für einen Moment still und erstaunt. Meine Frau interpretiert dies bis heute gerne als eine Enttäuschung von mir. Das ist aber falsch!
Jetzt lebten wir auf unserer Glückswolke Nummer sieben!
Als ich die Tochter das erste Mal spürte, sie strampelte und ich hatte die Hände auf Ingrids Bauch, da versuchte ich auch, sie anzureden und ich ließ sie Musik hören. Ich hatte ganz klar den Eindruck, dass sie reagierte.

Sie 19

Mein Mann sprang aus der Dusche und wir tanzten durchs ganze Haus.
Ausgelassen stellten wir uns ein Leben zu dritt vor.
Erste Vorschläge für ihren Namen!
Gedanken darüber, wie das Kinderzimmer einzurichten sei, wie der Kinderwagen aussehen sollte, die Wiege, die Babykleidung! Alles war endlich keine Utopie mehr, sondern herrliche Realität in rosarot!
Zur Feier des Tages gönnten wir uns nach alter Gewohnheit ein Essen!
Ein richtiges Festessen konnte es diesmal sein. Wir gingen in das Restaurant zu der Freundin, die auch schon lange auf ein Baby hoffte.

Als ich ihr erzählte, dass ich schwanger sei und ihr Gesicht sah, fiel mir ein, wie es mir selbst früher erging, als ich dies ständig von anderen hören musste. Was für ein Tollpatsch war ich nur! Ich hätte mich ohrfeigen können. Spontan nahm ich sie in meine Arme, drückte sie ganz fest an meinen Bauch und sagte: "Du wirst sehen, jetzt wirst du spätestens in einem Vierteljahr auch schwanger sein."
Drei Monate später hat sich meine Prognose wirklich erfüllt.
Für die nächste Zeit waren wir zwei überglückliche werdende Mütter. Auch sie trug ein Mädchen unter dem Herzen.
Meine Schwangerschaft verlief in den kommenden Monaten bestens. Ich fühlte mich wohl und trug meinen allmählich größer werdenden Bauch stolz durch unsere Stadt. Ich werde Mutter, jeder sollte es sehen! Und jeder sah es in unserer kleinen Stadt.
Zu Hause wälzten wir Namenbücher. Ganz schön schwer, den richtigen Namen zu finden! Machte ich einen Vorschlag, so fühlte sich mein Mann mit Sicherheit an einen Hund oder an eine unliebsame Person erinnert und umgekehrt! Das Suchen schien kein Ende zu finden. Auch unsere Favoriten in der engeren Wahl wechselten häufig. Schon keimten Verstimmungen auf, da machte meine Schwester den Vorschlag: Ann-Kathrin.
In dieser französischen Variante schien er sehr gut zum Nachnamen zu passen, auch klanglich, wie mein Mann anerkennend bemerkte. Für eine Woche wurde er in die engere Wahl genommen. Danach fällte der Familienrat die endgültige Entscheidung: Ann-Kathrin – der Name sollte es sein!

Desirée ,"die Gewünschte", der Lieblingsname meines Mannes, sollte wegen des Bezugs zur Vorgeschichte hinzukommen.
Schließlich Margo, nach unserer leider inzwischen verstorbenen Freundin aus Florida, die Jüdin aus Bad Mergentheim, die mir den Ring mit den Fischchen schenkte, das Symbol des Lebens und der Vermehrung.
So sollte unsere Tochter heißen:
Ann-Kathrin, Desirée, Margo!
„In Gedanken sitze ich noch manchmal mit dir zusammen, Margo! Weißt du noch, dass du mir einen Ring geschickt hast? Deinen Ring mit den Symbolen der Vermehrung? – Und da lag noch ein Brief im Päckchen, ein Brief mit einem kleinen Wunsch von dir. Siehst du, Margo, und jetzt habe ich ein Kind. Ein einziges! Eine Tochter! Du konntest sie nicht mehr kennen lernen. Aber sie trägt deinen Namen! Jetzt bist du selbst wieder ein bisschen daheim. So wie du es dir gewünscht hast, Margo! "
Nach den Berechnungen meines Gynäkologen sollte Ann-Kathrin am 6. 6. 1990 das Licht der Welt erblicken.
Die Schwangerschaft verlief optimal. Entwicklung, Lage des Kindes und die Stimmung, alles war bestens, bis Anfang Mai.
Plötzlich zog Ann-Kathrin die Steißlage vor! Man riet mir, mich vorsorglich ins Krankenhaus aufnehmen zu lassen, um jederzeit auf Unvorhergesehenes reagieren zu können.
Mein Arzt hieß Dr.Wendlich! Bei ihm hatte ich die erste Insemination. Zwei Wochen vor der Zeit holte er meine Tochter auf die Welt, per Kaiserschnitt und Periduralanästhesie: am 21. Mai, 1990, 11.25 Uhr.
Sie wog 2660 Gramm.

Sie war 50 cm groß und hatte einen Kopfumfang von 32,5 cm, das war zu sehen. Doch war sie auch gesund? Das war meine erste Frage.
Sie war es!
Wie gerne hätte ich richtig entbunden! Denn ich wusste, es würde mein einziges Kind bleiben. Doch durfte ich jetzt noch unzufrieden sein? Ein Spruch von Rabindranath Tagore kam mir in den Sinn:

> "Jedes neugeborene Kind bringt die Botschaft,
> dass Gott sein Vertrauen in den Menschen
> noch nicht verloren hat."

Dieser Satz gefiel mir, sagte er mir doch in jenem besonderen Augenblick als frisch gebackene Mama, dass auch mein Kind in eine beschützte Welt hineingeboren wurde. Daran wollte ich glauben, ob es nun stimmte oder nicht.
Denn damit hat sich mein ganzer Einsatz – ich denke, man kann schon sagen, „mein Kämpfen" – gelohnt.
Was für ein denkwürdiger Zufall: Am Tag meiner Entbindung drängte es meine Mutter zum Gebet in die Kirche. Dieses Verhalten von ihr hatte eher Seltenheitswert. Sie setzte sich in eine Bank und weinte. Da sprach sie jemand von der Bank hinter ihr an und wollte sie trösten. Als sich meine Mutter umdrehte, blickte sie in das Gesicht meiner langjährigen Stationsschwester aus der Zeit von 1960 bis 1965, als ich wegen des Hüftleidens im Krankenhaus lag. Das war die Zeit, als ich der Belastung mit den Röntgenstrahlen ausgesetzt gewesen war. Fast dreißig Jahre lang waren sie sich nicht mehr begegnet. Nun beteten sie beide für mich.

Er 19

Bei der Geburt, fürchte ich, bin ich es gewesen, der die verrückteste Figur von uns Dreien gemacht hat. Ganz schön durchgeknallt mag ich erschienen sein mit meiner Videokamera, aufgeregt und nervös, aber auch stolz und überglücklich.
Unser Glück sei unermesslich haben wir in der Geburtsanzeige geschrieben.
Stimmte damals und stimmt auch heute. Aber das Glück macht Pausen - besonders bei den Hausaufgaben!
Doch auch für die Pausen bin ich dankbar.

WIR

Jede Voraussage, die uns ein Kind ankündigte, hat also Recht behalten und jeder Wunsch, jede symbolische Geste, hat sich schließlich tatsächlich erfüllt. Ob es freilich eine andere Beziehung zwischen dem Ereignis und seiner Ankündigung gibt als unsere Erinnerung daran, muss offen bleiben.
Um dem alten Rabbiner für seinen Segen damals am Jordan zu danken, haben wir unser Kind mit einheimischem Wasser und mit Wasser vom Jordan taufen lassen.
Wir haben auch einen kleinen Skarabäus im Haus und der Ring von der mütterlichen Freundin, nach der wir unsere Tochter genannt haben, wird in Ehren gehalten.
Nur die Wahrsagung in Bulgarien hat bisher keine symbolische Entsprechung bei uns gefunden: eine Zigeunerin befindet sich, soweit wir wissen, nicht in der Wohnung.

"Nach Jesaja machen
Städte gründen und Kinder zeugen
einen bleibenden Namen.

Wir haben bereits
Über das Städte-Gründen nachgedacht!
Da kam sie doch noch:

ANN - KATHRIN
unsere Tochter, am 21. Mai 1990.

Wir haben den Schmerz erfahren,
wenn die Erfüllung versagt wird.
Jetzt ist das Glück unermeßlich!

Ingrid und Klaus-Dieter Brunotte"

An den Gefühlen, wie sie in unserer Zeitungsanzeige von damals zum Ausdruck kommen, hat sich bis heute nichts geändert.
Unsere Tochter ist inzwischen vierzehn Jahre alt und Besitzerin einer ebenso alten Eiche, die wir im Bad Mergentheimer Hochzeitswäldchen für sie gepflanzt haben. Sie war es auch, die die Geschichte von Abraham und Sara vorgelesen hat und uns damit auf die Idee für dieses Buch brachte.

NACHWORT

Nachdem wir die Arbeit an unserem Buch beendet hatten, sind wir auf einen Text über Unfruchtbarkeit gestoßen. Demnach warten allein in Deutschland zur Zeit 1,2 Mio. Paare vergeblich auf Nachwuchs. Nach einer Studie für ganz Europa sind es ungefähr ein Fünftel aller Paare. Jedes dritte Paar müsse länger als ein Jahr warten. Die Ursachen lägen zu 40% bei der Frau, zu 40% beim Mann, und 20% der Fälle würden nie endgültig geklärt – so wie bei uns.

Unser steiniger Weg zum Wunschkind wurde zu einem wichtigen Teil unseres Lebensweges und führte in viele Sackgassen.

Aber er ist doch Beweis dafür, dass ein Erfolg möglich ist, auch wenn die Ursachen für die Unfruchtbarkeit gar nicht bekämpft werden können, einfach deshalb, weil sie nicht bekannt sind.

In diesem Text wird weiter behauptet, in vielen Fällen sei Psycho-Stress durch Leistungsdruck der Grund, der eine Schwangerschaft verhindere.

Nun gut, aber bei uns hat es gerade in einer kaum noch zu steigernden Stresssituation geklappt, die Strategie der Stressvermeidung führte dagegen nicht zum gewünschten Ergebnis. Durchaus möglich, dass der "Stress", der uns über ein Jahrzehnt lang die Erfüllung versagt hat, darin bestand, dass wir zu sehr zielorientiert auf ein Baby ausgerichtet waren.

Womöglich führte gerade das zu inneren Verspannungen. Die vielen anderen Tätigkeiten und Verpflichtungen lenk-

ten dagegen im entscheidenden Augenblick vielleicht etwas vom Kinderwunsch ab und führten so zu einer Art innerer Entspannung.
Der Zeugungswunsch war, als der Erfolg sich einstellte, bei uns beiden fast zu einer gedanklichen Nebensache geworden. War dies etwa das Geheimnis für unser überraschendes Glück? Wir wissen es nicht.
Übrigens ist es nicht völlig auszuschließen, dass die Schwangerschaft auf ganz "natürliche" Weise eingetreten ist. Denn wir haben uns nach der Insemination wie ein "normales" Ehepaar verhalten.
Im weiteren Verlauf des Textes geht der Autor der Frage nach, wann man die Hoffnung aufgeben sollte und meint: "Nie. Absolut unfruchtbar sind nur 2,2% aller Paare. Frauen sind es erst dann, wenn die biologischen Voraussetzungen nicht (mehr) gegeben sind: wenn Gebärmutter, Eierstöcke oder Eileiter fehlen oder nicht richtig funktionieren. Männer sind erst wirklich unfruchtbar, wenn sie keine Spermien mehr produzieren. Lassen Sie sich untersuchen: Viele Ursachen sind aus der Welt zu schaffen.
Je länger wir probieren, desto schlechter geht es mir. Wut, Depression, Angst, Neid, Schmerz - all das ist normal, wenn Sie trotz aller Bemühung nicht schwanger werden. Ein unerfüllter Kinderwunsch ist für 50 Prozent der Frauen und 15 Prozent der Männer eine große Belastung, die sogar eine handfeste Lebens- und Beziehungskrise auslösen kann. Selbsthilfegruppen und Psychotherapeuten helfen, neue Perspektiven zu finden – und loszulassen.
Ist der massive Druck weg ... gibt's häufig Volltreffer. Viele vermeintlich unfruchtbare Paare bekommen, nach-

dem sie ein Kind adoptiert hatten, bald darauf eigenen Nachwuchs".

Wir schließen uns diesen Aussagen und Überlegungen an. Am 14.03.2002 waren wir zu Gast in der Talkshow bei Herrn Fliege und haben uns in der Sendung „Wunschkind – Kinderwunsch" zusammen mit unserem Wunschkind Ann-Kathrin den Fragen des Talkmeisters gestellt.

Unserer Geschichte haben wir nichts hinzugefügt, was wir nicht wirklich erlebt haben. Namen und Orte sind allerdings aus rechtlichen Gründen zum Teil verändert worden.

Sollte sich außer in Prien, in Erlangen, bei der genannten Talkshow und bei unseren Verwandten dennoch eine Namensgleichheit ergeben, so ist sie zufällig.